온작품읽기로
만나는
독서토론논술

온작품읽기로 만나는
독서토론논술

초판 1쇄 인쇄 2020년 11월 16일
초판 1쇄 발행 2020년 11월 20일

지은이   조인정

펴낸이   강기원
펴낸곳   도서출판 이비컴

디자인   이유진
교 열   윤주현
마케팅   박선왜

주 소   서울시 동대문구 천호대로81길 23, 201호
전 화   02-2254-0658   팩 스 02-2254-0634
등록번호 제6-0596호(2002.4.9)
전자우편 bookbee@naver.com
ISBN 978-89-6245-183-2   03370

이 도서의 국립중앙도서관 출판예정도서목록(CIP)은 서지정보유통지원시스템 홈페이지
(http://seoji.nl.go.kr)와 국가자료종합목록 구축시스템(http://kolis-net.nl.go.kr)에서 이용하
실 수 있습니다. (CIP제어번호 : CIP2020047723)

초등 온작품읽기 수업 사례 모음

★

온작품읽기로
만나는
독서토론논술

조인정 지음

이비락 樂

온작품읽기,
좋은 책과 만나는 시간

아주 오래전 학교 도서관에서 근무할 때의 일입니다. 리모델링을 마친 예쁘고 멋진 도서관에는 점심시간이 끝나면 앞니가 숭숭 빠진 저학년 친구들이 환하게 웃으며 몰려오곤 했었는데요, 동민이는 친구들 사이에 섞이지 못하고 혼자 수줍게 들어오던 아이였습니다.

글자를 잘 읽지 못하던 동민이는 곤충도감을 좋아했습니다. 처음에는 점심시간에 오다가 쉬는 시간에도 오고, 방과 후에도 와서 도서관 문을 닫을 때까지 곤충도감을 보고 돌아갔습니다. 그러다 어느 날에는 나비랑 잠자리를 잡아 오기도 하고 무당벌레가 날아 갈까 봐 물병에 담아 선물로 가져오기도 했었지요. 곤충도감이 여러 권 있었지만 관심이 없었던 저는 동민이가 오늘은 무슨 곤충을 잡아 왔나 함께 찾아보다가 곤충도감을 같이 보게 되었습니다. 동민이가 매일 도서관에 찾아오는 것이 반갑고 좋았거든요. 글자를 잘 읽고 쓰지도 못하던 동민이는 제가 근무를 마치기 전 초코파이와 편지를 선물로 주었습니다. 색종이에는 '선생님 책을 불리조서 고맙습니다'라고 쓰여 있었고, 저는 그 편지를 아직도 간직하고 있습니다.

이후 독서 교육을 해 오는 동안에도 늘 아이들과 책과 가까이 생활하면서 함께 책을 읽고 이야기를 나누어 왔고 많은 아이에게 감동을 받았습니다. 그리고 학교와 도서관, 책이란 우리 모두를 따뜻하게 연결해 주는 것으로 생각해 왔습니다.

학기마다 한 권의 책을 읽는 '한 학기 한 권 읽기' 수업이 교과과정에 적용되면서 어린이 및 청소년 문학 도서를 찾는 독자들이 증가했다는 기사를 보았습니다. 어른들이 이용하는 개인 SNS 계정에는 화제가 된 어린이 책을 소개하는 일이 많아졌습니다. 시대가 빠르게 변해도 아이들 곁에는 언제나 좋은 책이 있고, 한때는 어린이였던 어른들도 다시 아이들의 책을 통해 즐거움과 감동을 얻을 수 있습니다. 아이들과 어른들이 공유할 수 있는 '새로운 책 바람'이 신기하고 반갑습니다.

세상의 많은 어른은 아이들이 책을 읽지 않는다고 걱정하시지만, 사실 교실에서는 쉬는 시간마다 틈날 때마다 책을 읽는 아이들이 많습니다. 오늘도 아이들은 학교 도서관을 찾고, 학교 곳곳에서, 집에서 책을 읽습니다. 책 읽는 아이들의 모습은 바라보고만 있어도 건강하게 예쁘고 아름답습니다.

그리고 오늘도 각 학교 독서 교육의 현장에서는 아이들이 좋은 책과 더 친해질 수 있도록 많은 선생님께서 고민과 연구를 이어나가고 계실 것입니다. 저학년 교실에서는 선생님이 아이들에게 그림책을 읽어주시고, 고학년 교실에서는 온작품읽기 활동을 통해 선생님과 아이들이 같은 책을 처음부터 끝까지 천천히 읽어나갑니다. 학교 도서관에서는 재미있고 다양한 체험 프로그램이 진행되고 있습니다. 그래서 오늘도 우리 어린이들은 책을 만져보고 읽고, 또 생각합니다.

사실 어린이들은 어른들의 생각보다 책을 훨씬 더 좋아하고, 책을 대하는 마음가짐 또한 진지합니다. 책과 친해질 기회가 상대적으로 적었고, 책읽기가 익숙하지 않았던 아이들에게 온작품읽기는 책과 친해질 수 있는 처음 인사가 될 수 있고, 책과 가까이 지내며 책 읽기를 좋아해 온 아이들에게는 책과 더 진지하게 대화하는 방법을 배울 수 있는 시간이 될 수 있습니다. 온작품읽기를 통해 어린이들이 좋은 책과 만나고, 선생님과 친구들과 책을 통해 이야기를 나눌 수 있다니 더 멋진 일입니다.

독서토론논술 수업으로 학교를 찾을 때마다 교실 한쪽에 놓여있는 '온작품읽기' 대상 책들을 구경합니다. 모두 같은 책인데 책마다 손때가 묻은 흔적이 다른 걸 보면 같은 책을 읽어도 학생들이 어떤 부분에서 잠시 멈추었고 무엇을 더 오래 생각했는지 엿볼 수 있습니다. 교실 게시판에 붙어있는 학생들의 독후 활동에서 재기발랄한 감상을 살짝 엿보는 것도 즐거웠습니다. 수업 시간을 통해 학생들의 토론 과정을 지켜볼 수 있고, 글쓰기 결과물을 읽어볼 수 있는 것도 감사한 일입니다. 수업을 계획하면서 생각했던 것보다 훨씬 더 멋지고 성숙한 어린이들의 말과 글을 통해서 저 또한 배우고 느끼는 것들이 많았습니다.

온작품읽기 수업을통해 어린이들이 좋은 책을 더 가깝게 만나고 친해지게 되는 것에서 그치지 않고, 작은 교실에서 싹을 틔운 책의 씨앗이 멀리멀리 날아서 우리 사회 곳곳에서 같은 책을 읽고 대화를 나누고 공유하는 모습으로 꽃을 피우고, 또 하나의 문화가 되기를 꿈꿔봅니다.

실제 수업 운영과 책 활용법

학교 현장에서 온작품읽기 및 독서토론논술 수업을 운영하는 선생님, 실제 수업 사례를 참고하고 싶은 독서토론논술 강사, 아이들 독서 교육에 관심을 갖고 함께 경험하고 싶은 부모님들께 실제 수업 사례를 소개합니다.

실제 수업을 운영했던 구체적인 방법이 책이 학생들과 함께 책을 읽어가는 과정에서 다양하게 적용해볼 수 있는 또 하나의 안내가 되고 온작품읽기 활동의 질을 높이는데 도움이 되었으면 좋겠습니다.

1 온작품읽기 대상 도서의 책의 줄거리와 권장 학년을 제시하고, 각 학급에서 2차시(80분) 실제 수업을 운영했던 수업 내용을 소개하여 실제 수업에 활용할 수 있도록 하였습니다. 학생들의 실제 토론 내용 및 글쓰기 활동 결과물을 제시하여 학생들의 반응과 성취 수준을 참고할 수 있습니다.

책소개 및 권장 학년

줄거리

2 수업을 시작하기 전 학생들의 흥미를 유발하고 책의 줄거리를 확인할 수 있도록 간단한 독서 퀴즈를 진행했습니다. 세부적인 내용을 재미있게 확인할 수 있는 'O/X 퀴즈'와 책 속의 단어나 문장 찾는 '책 속 보물찾기'를 통해 학생들이 스스로 한 권의 책을 처음부터 끝까지 읽었다는 것에 대한 재미와 즐거움을 얻을 수 있도록 했습니다.

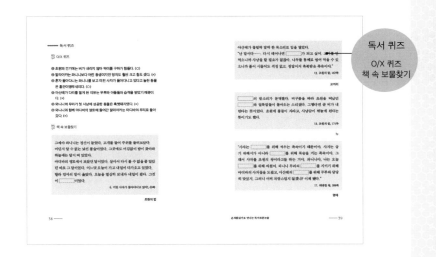

3 토론 활동을 진행하기 전 책의 핵심 내용을 확인하면서 등장인물의 말과 행동을 구체적으로 이해하고, 작품 속 사회·문화적 배경을 살펴볼 수 있는 질문을 제시했습니다. 학생들이 책의 내용 속에서 근거를 찾아 구체적으로 탐색하고 스스로 답을 찾아볼 수 있도록 질문과 관련된 책의 일부분을 제시하였습니다.

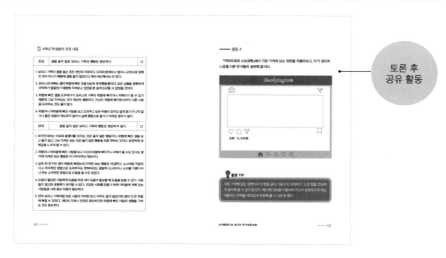

토론 후
공유 활동

---

4 한 권의 책을 읽은 뒤 효과적인 토론 수업을 할 수 있는 논제를 제시하고,
토론을 마친 뒤 제한된 시간 내에 스스로 하나의 글을 완성할 수 있도록
도와줄 수 있는 글쓰기의 기본 형식을 제시했습니다.

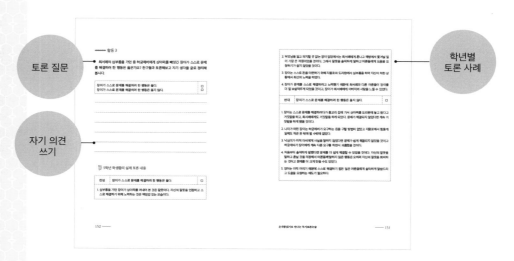

토론 질문

자기 의견
쓰기

학년별
토론 사례

5 읽은 책의 내용과 관련된 배경 지식을 넓힐 수 있도록 도와주는 동영상이나 TV뉴스, 신문기사 등 참고 자료를 제시하고, 수업에서 활용할 수 있는 보조 자료로 활용 TIP을 넣었습니다.

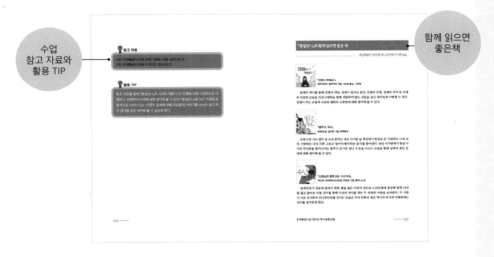

6 책의 성격과 줄거리, 소재나 주제를 고려하여 상호 연관성을 가지고 있는 다른 책들을 관련 키워드와 함께 제시하여 더 읽어볼 수 있도록 소개했습니다.

7 실제 수업에서는 고학년 학생들의 적극적인 토론 참여로 예상 시간보다 토론 시간이 길어지는 경우가 많았습니다. 제한된 수업 시간과 학급 상황을 고려하여 독후 활동은 선택적으로 운영하였습니다.

차 례

들어가며
온작품읽기, 좋은 책과 만나는 시간 ⋯ 4
실제 수업 운영과 책 활용법 ⋯ 8

1장

온작품읽기로 만나는
독서토론논술

온작품읽기, 함께 같은 책을 읽는다는 것의 의미 ⋯ 16
온작품읽기, 모두가 평등한 책읽기 ⋯ 17
한권의 책, 처음부터 끝까지 읽기 ⋯ 19

온작품읽기, 한 걸음 더 나아가기 ⋯ 22
온작품읽기로 만나는 독서토론논술 ⋯ 23
독서 토론으로 넓고 깊게 이해하기 ⋯ 24
독서 논술로 생각을 정리하는 글쓰기 ⋯ 27

온작품읽기, 더 다양하게 읽고, 넓혀나가기 ⋯ 29

2장

온작품읽기와
독서토론논술 수업 사례

01 푸른 사자 와니니 ··· 36
02 커피우유와 소보로빵 ··· 51
03 손으로 보는 아이 ··· 66
04 그림 도둑 준모 ··· 80
05 몽실언니 ··· 94
06 받은 편지함 ··· 109
07 책과 노니는 집 ··· 122
08 초정리 편지 ··· 135
09 쉽게 읽는 백범일지 ··· 148

1장

온작품읽기로
만나는
독서토론논술

온작품읽기,
함께 같은 책을 읽는다는 것의 의미

'한 학기에 한 권 책 읽기'에 따라 각 학교에서 온작품읽기 활동이 활발하게 이루어지고 있다. 온작품읽기의 목적은 선생님과 학생들이 하나의 작품을 함께 읽고 서로 이야기를 나누는 경험을 통해 학생들이 책 읽기의 즐거움을 느끼고 평생 독자로 성장할 수 있도록 하는 것이다. 학생들이 선생님과 함께 한 권의 책을 읽는 것은 그 자체로 의미 있는 독서 활동이면서 적절한 읽기 능력을 형성하는 데 도움을 줄 수 있다.

나아가 같은 책을 읽은 뒤 대화를 통해 서로의 생각을 나누고, 자기 생각을 다양하게 표현하는 과정에서 책읽기의 즐거움을 다양하게 경험하는 것은 독서 경험의 질을 높이고 올바른 독서 태도 형성에도 긍정적인 영향을 줄 것이다.

온작품읽기,
모두가 평등한 책읽기

온작품읽기의 가장 큰 장점은 모든 학생이 좋은 책을 같은 환경에서 평등하게 읽을 기회를 준다는 것이다. 이전에도 학교 현장에서는 다양한 형태의 독서 교육이 지속해서 이루어져 왔지만 기존의 독서 교육은 독서 시간이 부족한 학생들에게 독서 시간을 만들어주거나 다양한 책을 만날 기회를 만들어주는 것이 대부분이었다.

학생들에게 물리적, 정서적으로 좋은 독서 환경을 만들어 주기 위한 노력이 여러 지원 사업과 연결되면서 창고처럼 운영되던 학교 도서관은 예쁘고 편안한 쉼터가 되었고, 독서 운동이나 다양한 행사를 통해 학생들은 언제든지 좋은 책을 많이 만날 수 있게 되었다. 아침 독서나 책 읽어주는 부모님, 학교 내외의 다양한 독서 교육 프로그램들은 책읽기의 중요성에 대해 알리고 독서 동기를 자극하여 책읽기로 이어지도록 하는데 점진적이고 구체적인 성과도 있었다.

그러나 독서 교육 프로그램의 대부분이 학생들에게 한 방향으로 전달되고, 책의 선택부터 책읽기의 전 과정이 학생들의 자율성에 맡기는 형태로 이루어지는 경우가 많았다. 학생들이 참여하는 프로그램 대부분이 책을 많이 읽은 학생들을 칭찬하거나 학생들의 독후 활동 결과물을 평가하는 방식으로 마무리되면서 소수의 학생이 그 혜택을 누리고 소외되는 학생들이 많아서 아쉬움이 남을 수밖에 없었다. 학생들의 개별 독서 성향이 다르고, 특히 읽기 능력과 읽는 속도에는 개인차가 있기 때문에 독서의 빈도나 독서 결과의 질에 독서 양극화가 나타날 수밖에 없었다. 특히 각 가정의 문식 환경이 학생 개인의 독서 환경과 독서의 질에 큰 영향을 줄 수밖에 없다는 것도 안타까운 부분이었다.

온작품읽기의 시작은 학교에서 이루어지는 독서 교육이 한 단계 더 발전하는 결정적 기회가 될 수 있을 것이다. 물론 학생 개인의 능동성이나 독서 능력에 따라 독후 활동의 결과는 다르게 나타날 수밖에 없고, 좋은 책과 시간이 주어져도 끝내 책을 읽지 않는 학생들도 당연히 있을 것이다.

그러나 독서 시간을 안정적으로 확보할 수 있고, 책의 준비부터 책 읽기의 전 과정을 체계적으로 지원해줄 수 있다는 점에서 온작품읽기를 통해 학교 독서 교육이 또 어떻게 발전할 수 있을지 기대하게 된다. 같은 교실에 앉아있는 모든 학생에게 같은 환경에서 '교과서가 아닌 책'을 모두 함께 읽는 시간과 경험을 평등하게 줄 수 있다는 것만으로도 큰 의미가 있기 때문이다.

한 권의 책,
처음부터 끝까지 읽기

문화체육관광부가 공개한 《2019년 국민 독서 실태조사》보고서에 따르면 종이책과 전자책을 합한 성인들의 연간 평균 독서량은 7.5권이다. 한 권의 책을 처음부터 끝까지 읽는 것은 책읽기의 필요성을 잘 알고 있는 어른에게도 쉽지 않은 일이다. 바쁜 일상을 살아가면서 TV나 스마트폰이 주는 빠른 정보와 이야기에 익숙해진 우리 모두에게 긴 호흡으로 천천히 책 한 권을 읽어간다는 것은 하나의 숙제와도 같은 일이 되어버렸다.

방과 후 여러 개의 학원을 거친 뒤에 저녁 무렵 집에 돌아가는 학생들도 이어지는 숙제와 학업 부담으로 책을 읽을 수 있는 물리적 시간이 절대적으로 부족하다. 게임이나 유튜브 영상을 통해 자극적인 영상에 빠져드는 시간은 책을 읽는 시간보다 더 즐거울 수밖에 없다. 어른들 세대와는 또 다른 양상으로 오늘날의 아이들은 책과 멀어질 수밖에 없는 환경에 처해 있다.

어린이들에게 좋은 책을 권하고 책을 읽을 수 있는 여러 가지 환경을 준비하는 것이 어른들의 사명인 것처럼 생각되지만 어른들의 걱정과 잔소리만으로 어린이들의 책읽기가 저절로 시작될 리 없다. '한 학기에 한 권 책 읽기'가 학교 교육의 일부분이 되고 온작품읽기가 시작되어 교실에 정착된 것은 기존의 독서 교육에서 시행착오를 겪어

온 많은 어른의 고민과 연구의 결과일 것이다.

　온작품읽기 활동은 단순히 한 권의 책 읽기를 마치거나 책 속의 지식을 일방적으로 습득하고 형식적으로 책의 내용이나 감상을 정리하는 독후 활동을 수행하는 것으로 그치지 않는다는 점에서 기존의 독서 교육과 큰 차이가 있다. 교실에서 선생님, 친구들과 좋은 책을 함께 읽으면서 책읽기의 즐거움을 경험하고, 책을 매개로 대화를 나누면서 책 읽기 과정에서 얻은 다양한 경험과 감상을 공유하고 생각의 폭을 넓힐 수 있다는 점에서 충분한 가치를 찾을 수 있다.

　나아가 학생들의 독서 능력이나 학급 상황을 고려하여 적절한 독후 활동을 제시하면 온작품읽기 활동이 더 풍요로워질 것이다. 특히 유의미한 주제를 바탕으로 상호관련성이 있는 다른 읽기 자료를 읽어보거나 토의·토론 활동과 글쓰기 활동을 수행하는 것은 학생들이 책을 통해 얻은 경험과 감상을 확장해 나가는 데 도움이 된다. 다양한 언어 활동을 통합적으로 경험하면서 책의 내용을 더 깊게 이해하고 생각의 폭을 넓히면서 책의 의미를 체계적으로 구성할 수 있을 것이다.

　처음부터 한 권의 책 전체를 학생들이 스스로 읽어가는 것은 어려운 일이다. 그러나 능숙한 독자인 선생님과 함께 읽는 것만으로도 학생들은 책을 읽는 과정에서 자연스럽게 읽기 전략을 익히고, 혼자 읽는 것보다 더 깊게 의미를 구성할 수 있다. 책 읽기의 중요성이나 방법을 일방적으로 전달하는 것이 아니라 선생님과 친구들과 함께 읽어 나가면서 자연스럽게 깨닫기도 한다. 한 권의 책을 온전히 읽는 성공을 거두고 나면 또 다른 책읽기에 도전하는 힘을 얻게 될 것이다.

　기존의 독서 교육은 학생들에게 책 읽기의 중요성을 알리고 책을 많이 읽을 것을 권장하는 내용이 많았다. 그러나 좋은 책 한 권을 온전히 읽는 경험은 책을 많이 읽는 것만큼 중요하다. 학생들은 온작품 읽기를 통해 독서 환경의 제약 없이 종이책의 냄새를 맡고 손끝으로 책장을 넘기면서 천천히 글자를 읽어나가고, 잠시 쉬기도 하면서 생각의 시간을 가져볼 수 있다. 책 한 권을 온전히 읽고, 책을 매개로 선생님과 학생들이 서로 함께 대화하며 자기 생각을 말과 글로 표현하고 시간과 감정을 공유할 수 있다. 한 권의 책을 깊게 읽는 경험을 통해 교실 안의 모두가 함께 성장하는 소중한 시간을 만들어갈 수 있을 것이다.

온작품읽기,
한 걸음 더 나아가기

온작품읽기 활동은 단순히 한 권의 책 읽기를 마치거나 책 속의 지식을 일방적으로 습득하고 형식적으로 책 내용이나 감상을 정리하는 독후 활동 수행으로 그치지 않는다는 점에서 기존 독서 교육과 차이가 있다. 교실에서 선생님, 친구들과 좋은 책을 함께 읽으면서 책읽기의 즐거움을 경험하고, 책을 매개로 대화를 나누면서 책 읽기 과정에서 얻은 다양한 경험과 감상을 공유할 때 생각의 폭을 넓힐 수 있다는 점에서 충분한 가치를 찾을 수 있다.

나아가 학생들의 독서 능력이나 학급 상황을 고려하여 적절한 독후 활동을 제시하면 온작품읽기 활동이 더 풍성해질 것이다. 특히 유의미한 주제를 바탕으로 관련성 있는 다른 읽기 자료를 읽어보거나 토의·토론 활동과 글쓰기 활동을 수행하는 것은 책을 통해 얻은 경험과 감상을 확장해 나가는 데 도움이 된다.

온작품읽기로 만나는
독서토론논술

　온작품읽기를 통해 한 권의 책을 읽고 나면 독후 활동을 통해 다양한 경험으로 이어지도록 할 수 있다. 최근에는 기존에 많이 해 오던 형식의 독후 활동에서 벗어나 더 재미있게 책과 소통할 수 있는 다양하고 개성 있는 독후 활동이 이루어지고 있다. 학생들이 독후 활동의 계획부터 평가까지 직접 참여하거나, 게임이나 놀이 형식의 새로운 시도를 통해 독서에 대한 흥미와 동기를 높이는 효과를 얻고 있다.

　독서토론논술 수업은 전통적인 방식으로 어렵고 경직된 분위기를 연상하게 하지만 최근에는 교실에서도 다양한 형태의 토론 수업이 많이 이루어지면서 효율적인 수업 결과를 얻을 수 있다. 독서토론논술 수업이 실질적 효과를 거두기 위해서는 읽기 자료를 충분히 읽고 자신의 입장을 뒷받침 할 수 있는 구체적 근거를 학생들이 스스로 찾을 수 있어야 하는데 온작품읽기와 유기적으로 이루어지는 독서토론논술 수업은 수업을 준비하시는 선생님과 참여하는 학생들에게 모두 유리한 점이 많다. 한 권의 책을 읽은 뒤 자유롭게 의견을 교환하고 자기 생각을 글쓰기를 통해 체계적으로 의미를 구성하는 과정에서 말하기와 듣기, 읽기와 쓰기가 종합적으로 이루어지는 통합적 언어 교육도 기대할 수 있다.

　독서토론논술 활동은 책을 읽으면서 이해한 내용을 바탕으로 자기 생각을 자유롭게 말하고 의견을 교환하는 활동을 통해 등장인물의 말과 행동을 비판적으로 이해하고 책의 주제를 깊이 이해하는 방향으로 이루어지는 것이 바람직하다. 새로운 질문을 찾고 혼자 책을 읽는 과정에서 자기 생각을 구체화하고 정교화하는 방법을 배우고 적용할 수 있도록 하는 것이다.

독서토론논술을 통해 얻는 결과물보다 온작품읽기를 통해 한 권의 책을 읽은 소중한 경험을 이어가는 활동이 될 수 있도록 하는 것을 원칙으로 정하고, 실제 수업을 시작하기 전 토론과 글쓰기까지 경험하는 과정이 학생들에게 부담감을 주거나 독서 동기에 부정적인 영향을 주지 않도록 계획하도록 했다.

독서토론으로 넓고 깊게 이해하기

독서 토론은 말하기 활동이지만 읽은 책의 내용을 더 구체적으로 이해하고 확장하는 또 하나의 독서 활동이다. 배경지식이나 경험이 서로 다른 학생들은 한 권의 책을 읽어도 이해의 정도가 다를 수밖에 없는데 친구들과 의견을 교환하는 과정을 통해 이야기의 내용을 심층적으로 이해할 수 있다.

혼자 읽는 동안 그냥 지나친 내용을 다시 생각해보거나 잘못 이해한 내용을 수정하여 새롭게 의미를 구성할 수도 있다. 또한 제시된 문제 상황을 바탕으로 토론하는 과정에서 읽기 자료의 내용을 비판적으로 생각해보고, 논리적으로 이해할 수 있다. 의견을 듣고 말하는 과정에서 학생들이 스스로 유의미한 질문을 만들고 함께 답을 찾아가는 대화를 통해 자기 생각을 구체화하고 정교화해 나가는 것이다.

실제 독서 토론 수업을 계획하는 단계에서는 좋은 논제를 만드는 것에 중점을 두고 책의 주제와 전체적인 줄거리의 맥락과 관련 있는 것을 정하는 것을 원칙으로 했다. 찬성과 반대 입장으로 나누어 이야기할 수 있는 논제를 정하기 힘든 책의 경우 읽은 책의 성격에 따라 신문 기사나 TV 뉴스의 일부분을 제시하고 다양한 사회 문제에 대해 생각해보거나 좋은 문제 해결방법을 찾아가는 토의 활동이 이루어지도록 수업을 계획했다. 토론과 토의는 그 개념과 진행 절차가 분명히 다른 말하기 활동이지만 독서 토론 수업에서 흔히 두 가지 말하기를 묶어 활동하는 것은 하나의 주제에 대해 스스로 생각하고, 다양한 의견을 교환하면서 구체적인 문제 해결 방법을 생각할 수 있는 힘을 키울 수 있기 때문이다.

제시된 논제에 대해 자신의 입장을 정하고 상대방을 설득하는 말하기를 한다고 해서 지나친 경쟁이 되거나, 토론 활동이 끝난 뒤 승패를 판정하거나 평가하는 방식의 토론은 적합하지 않다. 실제 수업에서는 토론 단계에서 최대한 자유롭게 의견 교환이 이루어지도록 하고, 토론 정리 단계에서 각 입장에서 나온 학생들의 발언을 요약하고 정리한 뒤 더 좋은 문제 해결 방법을 모색하고 제시할 수 있도록 했다. 독서 토론이 끝난 뒤 토론 결과에 대한 직접적인 평가보다는 자기 생각이 처음에 정한 입장에서 바뀌었다면 그 이유를 말해보면서 학생들 스스로 토론 내용에 대해 성찰해 보는 것으로 토론 활동을 마무리 할 수 있다.

독서 토론 과정에서는 무엇보다 적극적으로 의견을 교환할 수 있는 분위기에서 학생들의 발언을 다양하게 끌어내고 주관적 반응을 존중하는 태도가 필요하다. 학생들이 제시한 의견이 주제나 맥락에서 벗어나거나 오류가 있다고 해서 이를 지적하고 수정하기보다는 주제를 다시 언급해주고, 토론의 범위를 한정해주면서 토론 주제에 맞는 대화가 이어질 수 있도록 한다.

학급 전체를 대상으로 하는 토론 수업에서 여러 학생에게 발언 기회를 주다 보면 비슷한 의견이 반복되어 제시되는 경우가 많은데 이미 나왔던 내용이라 하더라도 변형된 형식으로 재진술 해 주거나, 같은 의견의 횟수를 표시하면서 학생들이 제시한 의견을 최대한 수용해주는 것이 좋다.

지나치게 형식에 중점을 두는 것은 불필요하지만 독서 토론 과정의 기본적 절차와 규칙을 지키고, 친구들을 존중하고 배려하는 언어 예절을 지키는 것도 중요하다. 토론 과정에서 다른 사람에게 불쾌감을 주는 발언을 하거나 폭력적인 방식으로 문제를 해결하는 방식은 옳은 방법이 아니라는 것을 분명히 알려줄 필요가 있다.

토론 활동에서 학생들에게 항상 강조하는 것은 말하기 활동이 '좋은 방법을 찾기 위한 것'이어야 한다는 점이다. 재미있고 창의적인 내

용이라고 해서 다른 사람의 이해와 공감을 얻기 어렵고, 실현 가능성
이 없다면 좋은 문제 해결방법이 될 수 없다.

독서논술로 생각을 정리하는 글쓰기

대부분의 학생에게 한 편의 글을 쓰는 것은 어렵고 두려운 일이다.
특히 논술은 제시된 문제 상황에 대해 비판적으로 생각하고, 논리적
으로 좋은 문제해결 방법을 제시하는 글쓰기로 평소에 자주 해 왔던
독후 활동이나 형식이나 내용의 제약 없이 자유롭게 쓰는 자기표현
의 글과는 많은 차이가 있다.

독서 토론 활동을 정리한 후 이루어지는 글쓰기는 책을 읽으면서
생각하고, 독서 토론의 과정에서 친구들과 의견을 나누며 생각한 내
용을 자신의 글로 최종 정리하는 활동이다. 책을 읽고, 토론 과정에서
의견을 나누면서 자신이 생각한 내용을 명료하게 정리하고 구조화하
는 것이다. 토론 활동을 하면서 정한 자신의 입장을 뒷받침 할 수 있
는 근거를 제시하면서 스스로 자기 생각을 표현하는 글을 완성할 수
있도록 하는 활동이 이루어진다.

책을 읽고 독서 토론의 과정을 거치면서 충분히 내용을 파악하고
생각하는 과정을 거치기 때문에 쓰기 지도 면에서도 유리하고, 학생
들이 완성한 글쓰기 결과물의 완성도도 높은 편이다. 그러나 글쓰기
가 능숙하지 않은 학생들이 처음부터 논술문의 전형적인 형식을 지

키면서 제한된 수업 시간 안에 하나의 완결된 글을 완성하는 것은 어렵다. 글의 기본 구조를 제시해주고 자신의 입장에 따라 근거를 제시하면서 글을 전개해나갈 수 있도록 글의 형식과 내용에 대해 이해하는 과정이 필요하다. 모범적인 글의 구조와 형식을 작은 단위로 세분화해서 명시적으로 제시하면 글의 일부분을 완성하는 형식으로 쓰기에 대한 부담을 덜어줄 수 있다.

실제 수업에서는 글 전체의 완성도나 분량보다 토론 활동으로 얻은 결과를 바탕으로 자기 생각을 펼쳐나가면서 하나의 완결된 형식의 글을 완성하는 것을 중요하게 생각하도록 했다.

쓰기 능력은 저절로 얻어지는 것 아니기 때문에 논술문의 일반적인 형식에 대해 충분히 이해하고 연습하는 과정이 필요하다. 쓰기에 대한 지식이나 전략을 학습하는 것이 어려울 것 같지만 학생들이 도전하고 해결할 수 있는 적절한 과제를 제시하고 쓰기 과정에서 도움을 주면 과제를 스스로 수행할 수 있고, 쓰기에 대한 자신감을 얻을 수 있다. 글의 일반적인 구조를 이해하고 세부적으로 자기 생각을 전개하는 지속적인 연습을 통해 스스로 글을 완성하는 경험은 다음 글쓰기 활동에 적극적으로 참여하는 동기로 이어질 것이다.

온작품읽기,
더 다양하게 읽고 넓혀나가기

    온작품읽기 활동으로 어떤 책을 읽을지 선정하는 것은 매우 중요하다. 현재 많은 교실에서는 동화책 읽기가 주로 이루어지고 있다. 학생들은 재미있고 쉽게 공감할 수 있는 동화책 읽기를 통해 책읽기의 즐거움을 느끼고, 등장인물이 어려움을 극복하고 성장하는 과정을 통해 교훈과 감동을 얻을 수 있다.

    동화책 읽기에서 한 걸음 더 나아가 다양한 책을 만나는 기회가 많아지면 학생들 스스로 자신의 독서 성향을 파악할 수 있고 자신의 흥미와 필요에 따라 스스로 책을 찾고 선택하여 읽는 능동적 독자로 성장하는 것을 기대해 볼 수 있을 것이다.

    한 권의 책을 읽은 뒤 읽은 책과 관련하여 책의 성격이나 소재나 주제, 내용이 유사한 다른 책이나 읽기 자료와 엮어 읽기를 하는 것은 지속해서 독서의 폭을 넓혀갈 수 있는 가장 좋은 방법이다. 상호 관련성이 있는 두 이야기의 유사점과 차이점을 찾아보면서 주제를 확장해 나가고 보다 적극적인 읽기를 할 수 있다. 관련 있는 내용의 신문기사, TV 뉴스 등 다른 매체의 읽기 자료를 제시해서 함께 읽는 활동을 통해 다양한 사회 현상에 대해 호기심과 문제의식을 느끼고 생각해 보고, 사회구성원으로서 필요한 책임감과 노력할 점에 관해 이야기를 나누어 볼 수 있다.

동시를 읽으면서 학생들이 공감할 수 있는 시적 화자의 정서나 태도를 이해하고, 동시 속에 나타나 있는 우리말의 개성 있고 풍부한 표현 방법을 배워볼 수 있다. 기존에도 교과서에 제시된 여러 동시를 분석하면서 이해하고, 그림이나 노래로 표현해보는 활동을 하면서 다양한 방법으로 동시 읽기를 해 보았다. 온작품읽기를 통해 동시집 한 권을 처음부터 끝까지 읽으면서 학생들의 눈높이에 맞는 시의 정서를 충분히 느끼는 것도 새로운 경험이 될 것이다. 한 권의 동시집에서 가장 마음에 드는 동시를 골라 친구들 앞에서 낭송해 보고 좋아하는 시를 고른 이유를 자신의 경험과 관련지어 설명해 볼 수 있다. 동시에 나타나 있는 상황을 고려하여 시적 화자의 행동이나 생각에 관해 토론 활동을 해 볼 수도 있을 것이다.

오랜 시간 동안 많은 사람이 읽어온 고전 읽기를 통해 인간과 삶의 모습에 대해 더 입체적으로 이해하면서 교훈과 감동을 얻을 수 있다. 대부분의 학생이 고전은 어렵고 재미없는 이야기라는 선입견을 품고 있지만 고전 중에도 내용이나 분량 면에서 부담 없이 읽을 수 있는 작품들이 많다. 또한 고전은 우리 주변의 많은 이야기의 원형으로 영화, 애니메이션, 게임 등 새로운 콘텐츠로 재생산되어 학생들이 많이 접하고 있기 때문에 그 내용이 생각보다 익숙한 경우가 많다. 동·서양의 고전을 두루 읽으면서 작품 속의 시대적 배경과 문화에 대해 알아보고 다양한 문화를 균형 잡힌 시각으로 이해할 수 있다. 이야기 속 등장인물의 행동이나 문제 해결 방법을 오늘날의 관점에서 생각해본 뒤 토론하고 평가해보는 활동을 통해 비판적 읽기를 해 볼 수도 있다.

친숙하고 편하게 접근할 수 있는 이야기책, 문학 분야의 책 읽기에서 한 걸음 더 나아가 비문학 분야의 다른 분야의 책들을 읽어보는 시도도 필요하다. 비문학 분야의 책들은 학생들이 쉽게 접하기 어렵고 스스로 선택하여 읽기 힘든 경우가 많은데, 함께 읽기에 도전해보면서 새로운 배경지식을 넓혀갈 수 있다. 교과서 밖의 지식과 가치에 관심을 가지고 탐구할 기회를 경험할 수 있고, 적절한 독후 활동을 통해 정보나 지식을 유용하게 활용하는 방법을 배우는 도움을 얻을 수 있다.

한 권의 좋은 책을 온전히 읽는 경험은 그 자체만으로도 가치가 있다. 평생 독자로 성장하는 출발점에서 좋은 책을 읽는 시간을 통해 긍정적 자아가 성장하고, 책을 읽고 이야기를 나누는 과정에서 우리의 삶에 다양한 의견과 가치가 공존한다는 것을 인식할 수 있다. 좋은 책을 읽는다는 것은 학생 한명 한명에도 소중한 경험이지만 책을 매개로 나누는 건강한 대화를 통해 우리 사회 공동체의 발전에 도움이 되는 건강한 생각을 키우고 서로 나눌 수 있다는 점에서 지금 학생들이 경험하는 온작품읽기는 우리 사회의 모두에게 의미가 있다.

무엇보다 온작품읽기 활동은 일차적으로 책읽기의 즐거움을 경험하는 것을 목적으로 이루어져야 한다. 학생들이 책읽기에 얽매이거나 과제 수행을 위해 수업에 형식적으로 참여하는 것이 아니라 한 권의 책을 만나고 스스로 읽어가는 경험 자체가 친한 친구를 사귀고 친해지는 것처럼 즐거운 대화의 과정이라는 것을 최대한 느낄 수 있도록 격려하는 것이 중요하다. 나아가 온작품읽기를 통해 얻은 성공적인 독서 경험이 한 권의 책을 읽은 것에서 그치지 않고 더 의미 있는 것이 되도록 더 고민하고 도와주는 노력이 독서 교육의 현장에 있는 어른들에게 필요할 것이다.

우리는 우리가 읽은 것으로 만들어진다.

- 마틴 발저, Martin Walser

2장

온작품읽기와
독서토론논술
수업 사례

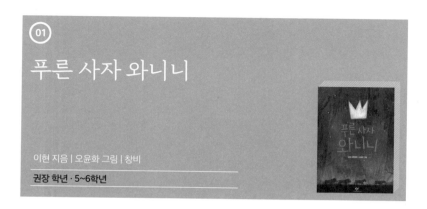

01

푸른 사자 와니니

이현 지음 | 오윤화 그림 | 창비

권장 학년 · 5~6학년

━━━━ 줄거리

와니니는 아프리카 초원 최고의 사냥꾼 암사자 마디바의 무리였다. 태어날 때부터 작고 힘도 약했지만 마디바 할머니를 닮아 멋진 사자로 자라고 싶다. 하지만 제대로 된 사냥꾼으로 자라지 못할 아이, 쓸모없는 아이라는 말을 듣게 되고, 말라이카를 위험하게 했다는 누명을 쓰고 무리에서 쫓겨난다.

홀로 남겨진 와니니는 초원을 떠돌면서 원숭이와 임팔라에게 무시당하고 쇠똥구리에게 조롱당하기도 한다. 살아갈 희망을 잃지만 풀과 나무를 씹으며 배고픔을 이겨내고, 스스로 먹을 것과 잠자리를 구한다. 그동안 자기가 하찮게 여겼던 것들의 도움을 받으며 외로움을 견디고 살아남는 방법을 깨달아간다.

외톨이로 지내며 떠돌던 와니니는 상처를 입고 떠돌이가 된 수사자 아산테와 잠보를 만난다. 아산테와 잠보가 말라이카를 공격했다는 오해를 풀고, 셋은 친구가 되어 또 다른 무리가 되었다. 와니니와 친구들은 사냥 실력이 부족해서 먹을 것을 구하기 힘들고, 싸움을 못해서 쫓겨 다니는 일도 많다. 먹잇감이 넘치는 초원을 찾아 나섰다가 죽을 고비를 가까스로 넘기기도 한다. 하지만 와니니의 무리는 약한 모습을 버리고 스스로 사냥법을 익혀가고 건기의 아프리카 초원에서 살아남는다. 그리고 심하게 다친 상태에서 마디바의 무리에서 쫓겨난 말라이카를 만나고 함께 초원의 끝으로 향한다.

와니니는 수사자 무투와 세 아들이 마디바를 공격하려고 한다는 사실을 알게 된다. 와니니의 무리는 위험을 무릅쓰고 마디바의 영토에 들어가 이 사실을 알려준다. 와니니는 마디바에 맞서고 무투의 아이들과 맞서 싸운 아산테는 목숨을 잃는다. 와니니는 사자들의 전쟁 속에서 새롭게 초원의 왕이 된다.

📖 O/X 퀴즈

❶ 초원의 건기에는 비가 내리지 않아 먹이를 구하기 힘들다. (○)
❷ 말라이카는 와니니보다 어린 동생이지만 덩치도 훨씬 크고 힘도 셌다. (×)
❸ 혼자 돌아다니는 와니니를 보고 미친 사자가 돌아다니고 있다고 놀린 동물은 홍안이앵무새이다. (○)
❹ 아산테가 다리를 절게 된 이유는 무투와 아들들의 습격을 받았기 때문이다. (×)
❺ 와니니의 무리가 첫 사냥에 성공한 동물은 흑멧돼지였다. (×)
❻ 와니니와 함께 마디바의 영토에 들어간 말라이카는 마디바의 무리로 돌아갔다. (×)

📖 책 속 보물찾기

그제야 와니니는 정신이 들었다. 고개를 들어 주위를 둘러보았다. 어딘지 알 수 없는 낯선 풀숲이었다. 그곳에도 어김없이 밤이 찾아와 하늘에는 달이 떠 있었다.
마디바의 영토에서 보았던 달이었다. 살아서 다시 볼 수 없을 줄 알았던 바로 그 달이었다. 어느덧 오늘이 가고 내일이 다가오고 있었다. 랄라 엄마의 말이 옳았다. 오늘을 열심히 보내자 내일이 왔다. 그것이 [   ]이었다.

6. 미친 사자가 돌아다니고 있어!, 69쪽

초원의 법

아산테가 들릴락 말락 한 목소리로 입을 열었다.

"난 말이다……. 다시 태어나면 ⬚⬚⬚⬚⬚ 가 되고 싶어. 고기를 안 먹으니까 사냥을 할 필요가 없잖아. 나무를 통째로 씹어 먹을 수 있으니까 풀이 시들어도 걱정 없고. 정말이지 축복받은 족속이야."

13. 초원의 끝, 167쪽

코끼리

⬚⬚⬚⬚⬚ 의 발소리가 분명했다. 비구름을 따라 초원을 떠났던 ⬚⬚⬚⬚⬚ 와 얼룩말들이 돌아오는 소리였다. 그렇다면 곧 비가 내린다는 뜻이었다. 초원에 풀들이 자라고, 사냥감이 뛰놀게 된다는 뜻이기도 했다.

13. 초원의 끝, 171쪽

누

"사자는 ⬚⬚⬚⬚⬚ 를 위해 싸우는 족속이기 때문이야. 사자는 살기 위해서가 아니라 ⬚⬚⬚⬚⬚ 를 위해 목숨을 거는 족속이야. 그래서 사자를 초원의 왕이라고들 하는 거야. 와니니야, 나는 오늘 ⬚⬚⬚⬚⬚ 를 위해 싸웠어. 와니니 무리의 ⬚⬚⬚⬚⬚ 를 지키기 위해 마디바의 사자들을 도왔고, 아산테의 ⬚⬚⬚⬚⬚ 를 위해 무투와 당당히 맞섰지. 그러니 어찌 자랑스럽지 않겠냐? 이제 됐다."

17. 위대한 왕, 208쪽

명예

와니니가 '초원의 왕'이 될 수 있었던 이유는 무엇인가요? 『푸른 사자 와니니』를 읽고, 무리를 이끌어가는 와니니에게 배울 점은 무엇인지 친구들과 이야기해 봅시다.

와니니는 앞발에 턱을 괴고 엎드린 채 아산테를, 잠보를, 말라이카를 찬찬히 보았다. 모두에게 고마웠다. 아산테가 위로해 준 덕분에 용기를 되찾았다. 잠보가 먼저 손 내밀어 준 덕분에 친구가 되었다. 말라이카카 살아준 덕분에 마음의 짐을 덜었다. 서로 도우며 살아남았다. 다치고 쫓겨나고 버림받은 처지지만 서로 힘이 되어주며 여기까지 왔다.
'그래. 어떻게든 낭떠러지를 넘으려고 여기까지 왔잖아.'
와니니는 억지로 기운을 내어 일어섰다. 이대로 주저앉을 수는 없었다. 친구들이 이렇게 초원으로 돌아가도록 버려둘 수는 없었다.

13. 초원의 끝, 169쪽

5학년 학생들의 발표 내용

1. 와니니는 작고 약했지만 눈과 귀가 밝았기 때문에 사냥을 잘 할 수 있게 되었고 사자의 무리를 이끌어갈 수 있었다. 와니니도 열심히 노력했지만 리더가 되기 위해서는 타고난 능력도 중요하다.

2. 마디바의 무리에서 쫓겨나 힘들고 외로운 상황에서도 절망하거나 포기하지 않았다. 아무도 가르쳐 주지 않았지만 스스로 먹을 것과 잠자리를 구하면서 살아남았고 스스로 강한 사자가 될 수 있었다. 와니니의 인내심을 배우고 싶다.

3. 토끼 사냥에 성공한 뒤 잠보와 아산테가 다투는 모습을 보고 토끼 고기를 던져 버렸다. 와니니도 배가 고팠지만 단호하게 결정했기 때문에 먹을 것이 부족할 때에도 더 큰 갈등을 겪지 않고 극복할 수 있었다.

4. 와니니의 무리는 강하지는 않지만 약하고 부족하더라도 서로 도와주고 힘든 일이 있을 때 함께 이겨냈기 때문에 살아남을 수 있었다.

5. 와니니는 무리에서 쫓겨나 떠돌이가 된 말라이카를 와니니의 무리에 따뜻하게 받아주었다. 와니니처럼 무리를 잘 이끌어가기 위해서는 포용력이 필요하다.

6. 걷기에 친구들이 굶주리고 지쳐있을 때 와니니는 누의 발소리를 듣고 용기와 희망을 주었다. 와니니 덕분에 와니니의 무리는 절망적인 상황에서도 긍정적인 마음으로 극복할 수 있다.

7. 와니니는 와니니의 무리를 위해 사냥에 성공해야 한다는 책임감을 가지고 최선을 다했기 때문에 훌륭한 리더라고 생각한다.

💡 활용 TIP

책의 내용을 확인하는 활동을 하면서 와니니가 무리를 이끌어가는 모습을 통해 등장인물에게 배울 점에 대해 생각해 볼 수 있다. 실제 수업에서는 가장 기억에 남는 장면을 중심으로 와니니의 말과 행동을 구체적 근거로 제시하며 이야기 해 보도록 했다. 학생들의 다양한 반응을 수용하며 정리해주고, 이후 자신의 생각을 정리하는 글쓰기에 활용할 수 있도록 했다.

『푸른 사자 와니니』에서 마디바가 규율에 따라 어린 사자를 쫓아낸 것은 정당한가요? 마디바의 행동에 대해 친구들과 토론해보고, 자기 생각을 글로 정리해 봅시다.

"넌 정말 심하게 다친 상태였어. 그런 널 버리다니, 그건 죽으라는 얘기나 마찬가지잖아!"
말라이카는 앞발을 내저으며 변명하듯 말했다.
"그런 거 아니야. 어쩔 수 없는 일이었어. 난 너무 심하게 다쳐서 무리를 따라다닐 수도 없었어. 피 냄새를 풍겨서 적들을 불러들일 수도 있었어. 그러니까 난 무리를 떠날 수밖에 없었던거야. 내 잘못이야. 내가 경솔하게 구는 바람에 일어난 일이잖아."
와니니는 그렇게 생각할 수 없었다. 말라이카의 잘못이 아니었다. 경솔했는지도 모르지만, 그건 다친 채 버려질 만큼 큰 잘못이 아니었다.
아산테가 혀를 내둘렀다.
"역시 소문대로 대단하네. 마디바는 강한 자식만 거둔다더니 그 말이 사실이었어. 멋지다고 생각했는데 이건 좀…심한 걸."
그러자 말라이카가 발끈했다.
"아저씨가 우리 할머니에 대해 뭘 안다고 함부로 말해요?"
"하! 쫓겨나고도 아직 마디바를 못 잊는 거냐? 암튼 다들 마디바, 마디바, 마디바……. 하긴 나도 마디바를 향해 뜨거운 마음을 품고 있지. 한때는 밤잠을 설쳤더랬어. 초원에서 마디바를 사모하지 않는 수사자가 어디 있겠냐? 나도 먼발치에서 본 적 있는데 한 눈에 반하지 않을 수 없더라. 듬직한 몸집하며 사나운 생김새하며 매서운 눈매하며……. 정말이지 완벽한 미모지, 어디 그 뿐이냐? 용맹하고 단호하고 엄격하고 거

침없고 때론 냉혹하고! 그런데 말이다, 널 쫓아낸 일은 아무래도 지나
쳤어. 좀 실망이네."
"마디바 할머니도 어쩔 수 없었다니까요. 우두머리는 무리를 지키기 위
해 냉정해져야 할 때가 있잖아요. 덕분에 마디바 무리가 초원에서 제일
용맹한 사자들이 된 거고요. 안 그래, 와니니?"
와니니는 대답하지 않았다. 마디바 무리가 최강의 암사자들이라는 사
실을 더없이 자랑스럽게 여겨 왔다. 무리에서 쫓겨난 다음에도 마디바
의 아이라는 자부심이 컸다. 그런데 몹시 혼란스러워졌다. 이럴거면,
상처 입은 말라이카를 버릴 거라면, 초원에서 가장 용맹한 무리라는게
무슨 소용인가 싶었다.

12. 코끼리의 말이라면, 143~145쪽

입장	마디바가 규율에 따라 어린 사자들을 쫓아낸 행동은 옳다.	☐
	마디바가 규율에 따라 어린 사자들을 쫓아낸 행동은 옳지 않다.	☐
이유		
정리		

5학년 학생들의 토론 내용

찬성	마디바가 규율에 따라 어린 사자들을 쫓아낸 행동은 옳다.	☐

1. 마디바의 결정은 무리의 안전을 위해 불가피한 선택이었다. 만약 말라이카를 보호하기 위해 무리 안에 들였다면 말라이카의 피 냄새로 마디바의 무리 전체가 위험해졌을 것이다.

2. 마디바가 규율에 따라 어린 사자들을 내쫓은 행동은 어린 사자들에게 성장할 수 있는 기회를 준 것이다. 어린 사자들이 초원에서 스스로 생존하는 과정은 혹독했지만 냉혹한 현실을 직접 체험하면서 무리 안에서 경험할 수 없는 것들을 직접 겪으면서 더 강한 사자로 성장할 수 있었다.

3. 마디바가 규율에 따라 어린사자들을 내쫓은 행동은 무리를 위한 선택이었다. 무리의 리더로서 무리를 지키는 것을 우선으로 생각해야 하며, 큰 것을 위해 작은 것을 희생할 수 있어야 한다.

4. 결과적으로 와니니는 무리에서 쫓겨난 뒤에 더 성장하여 훌륭한 사자가 되었다. 초원에서 스스로 살아남았고 친구들을 만나 자신만의 무리를 만들고 사냥법도 스스로 익히게 되었다.

5. 마디바는 무리와 구성원에 대한 책임이 강했기 때문에 규율에 따라 판단한 것이다. 규율에 따라 이끌어가는 것을 부당하다고 할 수 없다. 원칙을 지키지 않는다면 무리의 질서가 흐트러질 것이다.

반대	마디바가 규율에 따라 어린 사자들을 쫓아낸 행동은 옳지 않다.	☐

1. 리더는 무리를 지켜야 할 책임도 있지만 어린 사자를 보호해야 할 의무도 있다고 생각한다. 걷기에 사냥 능력도 갖추지 못한 어린 사자를 내쫓는 것은 죽으라는 것이나 마찬가지이다. 사냥 법을 충분히 배우지 못하고 생존 능력도 없는 어린 사자를 내쫓는 것은 너무 무책임하다.

2. 다친 말라이카를 내쫓은 것은 용기 있고 쓸모 있는 사자들도 쓸모가 없어지거나 다치면 무리 밖으로 내쫓아야 한다는 것이다. 사자들은 버려질 수 있다는 불안함을 느끼게 되고 마디바는 구성원들에게 신뢰를 잃게 될 것이다.

3. 강한 사자만 거두는 마디바의 리더십은 오히려 무리에 손해가 된다고 생각한다. 마디바의 무리에서는 강하고 재능 있는 사자들도 나이가 들거나 다치면 버려지고 결국 무리가 약해질 것이다.

4. 마디바는 냉혹하고 비정하다. 진정한 리더라면 약한 구성원도 감싸주고 쓸모없는 아이와 쓸모 있는 아이로 구분하지 않아야 한다.

5. 와니니 같은 어린 사자는 무리 안에서 도움을 주어야 하는데 너무 성급하게 쫓아냈다. 만약 무리 안에서 구성원들이 서로 도움을 주며 협력한다면 더 강한 무리를 만들 수 있다.

6. 마디바가 규율에 따라 어린 사자를 쫓아낸 행동은 옳지 않다고 생각한다. 진정한 리더라면 서로를 이해하고 배려하면서 무리가 성장할 수 있도록 도와주어야 한다고 생각한다.

아산테가 말한 '왕'의 의미는 무엇인가요? 친구들과 이야기 해 보고, 자기 생
각을 정리해 봅시다.

"사자는 명예를 위해 싸우는 족속이기 때문이야. 사자는 살기 위해서
가 아니라 명예를 위해 목숨을 거는 족속이야. 그래서 사자를 초원의
왕이라고들 하는 거야. 와니니야, 나는 오늘 명예를 위해 싸웠어. 와니
니 무리의 명예를 지키기 위해 마디바의 사자들을 도왔고, 아산테의 명
예를 위해 무투와 당당히 맞섰지. 그러니 어찌 자랑스럽지 않겠냐? 이
제 됐다."

와니니는 가슴이 덜컥 내려앉았다.

"되긴 뭐가 돼요? 어서 여기서 빠져 나가야 해요. 아저씨 움직일 수 있
겠어요"

"설마 그럴 리가. 내 꼴을 봐라."

"와니니, 난 초원으로 돌아갈 때를 맞이하고 있다. 분명히 알 수 있어.
때가 되면 저절로 알게 되는 모양이야. 그래서 그 때가 되면 다들 무리
를 떠나지. 품위 있는 동물은 죽는 모습을 남에게 보이지 않는다. 그게
사자의 죽음이야."

아산테의 눈동자가 황금빛으로 빛났다. 그것은 왕의 눈이었다. 영토도
없고 우두머리도 아니지만 아산테는 왕이었다. 아산테는 스스로의 왕
이었다.

"와니니, 이만 가거라. 이것은 명령이야. 초원의 왕, 사자 아산테의 명
령이다."

17. 위대한 왕, 209~210쪽

활용 TIP

제시된 읽기 자료를 함께 읽고 자유롭게 이야기를 나누는 활동을 통해 아산테가 말한 '왕'의 의미가 부와 권력을 가지고 있는 일반적인 왕의 의미와 어떤 점에서 다른지 발견할 수 있도록 한다.

자신의 신념을 지키고 스스로 만족하는 삶을 선택한 아산테의 죽음과 와니니 무리가 성장하는 과정에 관해 이야기를 나누어보고 구체적으로 의미를 구성할 수 있도록 돕는다.

    나의 장점은 무엇인가요? 스스로 내 삶의 '왕'이 되기 위해 앞으로 노력할 점은
무엇인지 생각해보고, 마인드맵을 해 봅시다.

💡 활용 TIP

책을 읽은 뒤 느낀 점을 자신의 경험과 연결 지어 생각해보고, 자신의 일상생활에 적용해보는 활동을 통해 의미와 가치를 내면화 할 수 있다. 실제 수업에서는 마인드맵을 그려나가는 간단한 시범을 보이고, 학생들 스스로 자신의 생활 모습에 대한 반성, 다짐, 앞으로의 계획, 목표 등 하위 항목에 따라 내용을 구체적으로 펼쳐나가면서 마인드맵을 완성할 수 있도록 했다.

📖 5학년 학생의 활동 결과물

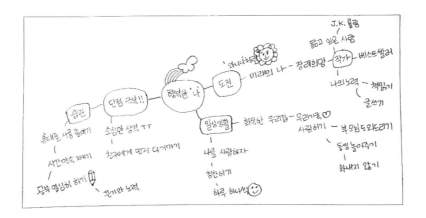

「푸른 사자 와니니」와 함께 읽으면 좋은 책

#성장 #주체적삶 #소망 #용기 #도전 #자아존중

마당을 나온 암탉
황선미 글, 김환영 그림, 사계절

　알을 품어 병아리의 탄생을 보겠다는 소망을 가지고 양계장을 나온 암탉 잎싹은 아기 오리를 지극한 사랑으로 키우고 자신의 목숨을 족제비에게 내어준다. 잎싹을 통해 자신의 소망과 사랑을 실현해 나가는 삶의 모습에 대해 생각해 볼 수 있다.

꽃들에게 희망을
트리나 폴러스 글, 김석희 옮김, 시공주니어

　단순히 먹고 자라는 것 이상의 것을 추구하는 노랑 애벌레와 애벌레 기둥이 무엇인지도 모르고 다른 애벌레들을 따라 애벌레 기둥을 오르는 호랑 애벌레는 고치를 만들고 아름다운 나비가 된다. 두 애벌레가 나비가 되는 과정을 통해 진정한 자아를 찾는 용기와 희망에 대해 생각해 볼 수 있다.

02

커피우유와 소보로빵

카롤린 필립스 지음 | 허구 그림 | 전은경 옮김

푸른숲주니어 | 권장 학년 · 6학년

━━━ 줄거리

    학교 친구들은 갈색 피부를 가진 샘을 '커피우유'라고 부르며 놀린
다. 에리트레아의 내전을 피해 정치적인 이유로 독일로 이주해 온 샘
의 엄마는 병원의 간호사로 아빠는 전철의 운전사로 일하고 있다.

    늘 반에서 1등을 해 온 보리스는 전학 온 지 얼마 되지 않은 샘이
좋은 성적을 받자 샘을 미워하면서 놀린다. 같은 반 친구들은 보리스
의 행동이 옳지 않다고 생각하지만 용기 있게 행동하지 못한다. 샘은
기분이 나쁠 때마다 하얀 피부에 갈색 주근깨를 가진 보리스를 '소보
로빵'이라고 부르곤 한다. 음악 경연대회에서 피아노를 연주하게 된
보리스는 연습 시간에 결석한 뒤 샘이 대신 연주를 하게 되자 샘을 더

미워하게 된다.

독일의 통일을 기념하기 위한 국경일에 축제가 열리고, 샘은 부모님을 대신해 소냐의 가족과 같이 가기로 한다. 약속 시간 무렵 한 무리의 소년들이 횃불을 들고 나타나 외국인들이 사는 집에 돌과 화염병을 던진다. 피부색이 다른 샘을 발견한 소년들은 샘의 집에도 화염병을 던진다. 샘 방의 유리창이 깨지면서 곰인형이 불타버리고 샘은 오른손에 화상을 입는다. 같은 반 친구 보리스는 아빠와 함께 샘의 집에 화염병이 날아드는 것을 지켜보고 있었다.

핑케팡 선생님은 보리스를 불러 결석한 샘에게 숙제를 알려주라는 심부름을 시키신다. 불편한 마음으로 샘의 집을 찾은 보리스는 샘과 대화를 하면서 자신이 편견이 있었다는 것을 깨닫는다. 외국인 노동자들에 대해 부정적 입장을 가지고 있던 보리스의 아빠는 불에 타서 버려진 샘의 곰인형을 깨끗하게 씻어 샘의 집 앞에 가져다 둔다. 쪽지에는 '사람들이 모두 돌을 던지는 건 아니란다.'라고 쓰여 있었다.

손을 다친 샘은 음악경연대회에서 피아노 연주를 할 수 없게 되자 속상해하고, 마음이 불편한 보리스는 샘을 찾아가 한 손씩 피아노를 같이 연주하자고 제안한다. 샘과 보리스는 피아노 연습을 하면서 서로의 차이를 이해하고 친구가 된다. 음악 경연대회에서 샘과 보리스는 이중주를 성공하고 샘의 반은 좋은 성적을 얻었다.

참고 자료

EBS 지식채널ⓔ《잘 지내나요, 이방인》 2020. 01. 16

 활용 TIP

보조자료를 통해 『커피우유와 소보로빵』에 나타나 있는 사회적 상황이 외국인 노동자가 많아지는 우리 사회의 모습과도 관련이 있다는 것을 이해할 수 있다. 실제 수업에서는 난민 수용이나 정치 문제 등 초등학생들에게 어렵고 복잡한 이해관계에 대해 이야기하기 보다는 난민, 외국인 노동자에 대해 편견과 차별을 가지고 대하는 태도에 관해 이야기하는 것으로 주제를 한정했다.

📖 O/X 퀴즈

❶ 샘의 엄마는 병원의 간호사로 아빠는 전철 운전사로 일하고 있었다. (○)

❷ 샘의 친구 소냐의 아빠는 경찰관이다. (×)

❸ 샘이 에리트레아에서 태어나 부모님을 따라 독일에 이사를 오게 되었다. (×)

❹ 보리스와 친구들이 샘을 놀리는 이유는 샘의 피부색이 친구들과 다르기 때문이다. (○)

❺ 쓰레기통에 버려진 샘의 곰인형을 깨끗하게 세탁하여 돌려준 사람은 보리스의 아빠이다. (○)

❻ 음악경연대회에서 샘은 왼손으로 보리스는 오른손으로 피아노를 함께 연주했다. (○)

❼ 음악 경연 대회에서 샘의 반은 1등을 했다. (×)

보리스가 다시 이야기하기 시작했다. 선생님은 보리스가 길게 이야기
하도록 그냥 내버려두었다. 그러더니 창문 쪽으로 가서 몸을 바깥으로
숙였다. 선생님이 몸을 다시 일으켰을 때 손에 커다란 [ ] 하나
가 들려 있었다. 선생님은 보리스에게 다가가서 손바닥에 [ ]를
쥐어 주었다.

"지금 일자리나 집 이야기를 하고 있는 게 아니야. 유치원 자리를 이야
기 하는 것도 아니고. 네 아빠나 이모의 입장은 나도 충분히 이해할 수
있어. 하지만 지금 우리는 [ ]이야기를 하고 있어. 사람을 향해
던진 [ ] 이야기를."

커피우유와 소보로빵, 100쪽

돌멩이

샘이 아침에 현관문을 열었을 때, 신발 매트 위에 곰 인형이 앉아 있었다.
털이 아주 짧게 잘려 있어서 처음에는 자신의 곰인형인지조차 알아보지
못했다. 누군가 인형을 깨끗이 씻고, 타 버린 털을 말끔하게 자른 것이었
다. 인형의 목에는 쪽지 한 장이 매 달려 있었다.

[   ]

커피우유와 소보로빵, 127쪽

사람들이 모두 돌을 던지는 건 아니란다.

『커피우유와 소보로빵』을 읽고 등장인물의 말과 행동에 대해 생각해 봅시다.

샘이 자기 소개를 시작하자마자 반 아이들은 배꼽을 잡고 웃어 댔다. 어떤 아이 한 명이 대뜸 이렇게 질문을 했던 것이다.

"너 어디에서 왔다고?"

빨간 머리에 얼굴이 온통 주근깨투성이인, 키 큰 남자아이였다. 이름이 보리스라 했다.

"에센에서 왔어."

샘이 다시 한 번 말했다.

"아이고 거짓말 마라. 우리 삼촌이 에센에 사시는데, 거기 사람들은 너처럼 생긴 게 아니라 모두 '정상적'인 외모를 갖고 있단 말이야."

아이들이 모두 깔깔거리며 웃었다.

"난 에센에서 태어났어."

샘은 화가 난 목소리로 대답했다.

"아 그래? 그걸 누가 믿어? 에센은 독일에 있는 도시고, 독일에 너같이 생긴 사람은 살지 않아."

"우리 부모님은 에리트레아에서 오셨어. 그곳에 전쟁이 벌어졌기 때문에 이리로 오신 거야. 독일에 12년째 살고 계셔. 얼마 전까지는 에센에 살았는데, 부모님이 일자리를 이곳에 얻으셔서 이사를 오게 된 거야."

커피우유와 소보로빵, 74~75쪽

1. 샘에게 '커피우유'라는 별명이 생긴 이유는 무엇인가요?

2. 보리스와 친구들의 말과 행동에 어떤 문제점이 있는지 친구들과 이야기해 봅시다.

3. 보리스와 친구들에게 필요한 태도는 무엇인가요? 친구들과 이야기해 보고 자기 생각을 적어봅시다.

축제 분위기에 들떠 있던 국경일 저녁 샘의 집에 돌과 화염병이 날아들었습니다. 여러 등장인물이 문제 상황에 대응하는 방식에 대해 생각해 봅시다.

"…그 사람들이 노래를 부르면서 횃불을 휘둘렀어요. 그러고나서 돌멩이를 던져 창문을 깼고요. 아빠는 그 사람들이 외국인들이 사는 집에 돌을 던지는 거라고 하셨어요. 외국인들더러 자기 나라로 돌아가라고 그러는 거라고요. 외국인이 너무 많아서 이제는 어떻게 해야 좋을지 알 수가 없다는 거예요."

"그래서 네 아빠랑 너는 뭘 했지?"

"아무것도 하지 않았죠. 우리는 정말 아무 짓도 하지 않았어요."보리스가 대답했다.

"거짓말 마! 거기 서서 가만히 보고 있었잖아." 소냐가 보리스에게 소리쳤다.

"그래 내가 말했잖아, 아무것도 하지 않았다고!"

"아무 짓도 하지 않았어. 우린 돌을 던지지 않았다고! 그 사람들이 돌을 던질 때 우리 위층 아저씨는 박수를 쳤어. 하지만 나랑 아빠는 그것도 하지 않았어!"

"그걸 보면서 아무것도 하지 않았다는 건 돌멩이를 던진 거나 마찬가지야. 똑같이 나빠."

보리스는 소냐의 말에 동의를 할 수 없었다. 하지만 선생님은 소냐의 말이 옳다고 했다.

"그냥 가만히 서서 구경한 사람들도 돌을 던지는 것에 반쯤은 찬성한

거야. 머릿속으로는 같이 돌을 던진 거나 마찬가지란다. 다만 나서서 던질 용기가 없었을 뿐이지. 돌을 던진 사람들도 다른 사람들이 그렇게 옆에 서서 말없이 구경해 주었기 때문에 그러한 만용을 부릴 수 있었던 거야. 그 사람들이 모두 자기 편이라는 걸 알았던 거지.”

“그럼 우리가 그 때 뭘 했어야 한다는 거죠?”보리스가 물었다.

선생님은 아이들을 향해 보리스가 했던 말을 반복했다. 그 때 뭘 했어야 하냐고 질문한 것이었다. 그러자 아이들이 대답했다.

“샘한테 가 봤어야지.”

“우리 아빠가 그걸 허락했을 것 같아?”

“그게 아니면, 혹시 도움이 필요하지나 않은지 전화를 해 볼 수도 있었잖아.”

“너희 아빠랑 같이 샘한테 가 볼 수도 있었을테고.”

“구경꾼들이 모두 ‘우!’하고 소리를 치거나 ‘꺼져버려!’라고 했더라면, 난동을 부리던 사람들이 겁을 먹고 물러가지 않았을까?”

“우리도 발코니에 서서 봤어요. 우리 엄마는 경찰서에 전화를 했어요.” 프라우케가 말했다.

커피우유와 소보로빵, 92~94쪽

 활용 TIP

제시된 읽기 자료에서 각 등장인물이 문제 상황에 대응하는 방식을 찾고 정리해 보는 활동을 통해 문제 상황과 논제를 구체적으로 이해하는 활동이다. 보리스의 가족과 다른 등장인물들의 행동을 비교해 보면서 보리스 가족의 행동에 대한 자신의 입장을 정하고 올바른 문제 해결 방법을 생각하는 데 도움을 얻을 수 있다.

문제 상황	횃불을 든 사람들이 노래를 부르면서 외국인들이 사는 집에 돌과 화염병을 던져 창문을 깼다.	
대응 방식	보리스와 아빠	
	위층 아저씨	
	프라우케의 엄마	

　샘을 돕지 않은 보리스 가족의 행동은 정당한가요? 보리스 가족의 행동에 대해 친구들과 토론해보고, 자기 생각을 글로 정리해 봅시다.

샘을 돕지 않은 보리스 가족의 행동은 정당하다.	☐
샘을 돕지 않은 보리스 가족의 행동은 정당하지 않다.	☐

_____

_____

_____

_____

_____

 참고 자료

착한 사마리아인의 법(The Good Samaritan Law)
자신에게 특별한 부담이나 위험을 발생시키지 않는데도 불구하고 다른 사람의 생명이나 신체에 위험에 발생하고 있는 것을 보고도 구해 주지 않은 행위를 처벌하는 법.

· 착한 사마리아인의 법 네이버TV 네이버 지식백과 및 EBS 동영상
· "안 도우면 처벌"… 착한 사마리아인 법 논란, 2016.08.07 채널A 뉴스
· "착한 사마리아인은 죽었다."… 도움에 인색한 대한민국, 2018.10.30 세계일보

찬성	샘을 돕지 않은 보리스 가족의 행동은 정당하다.	☐

1. 보리스 가족이 샘을 돕는 것은 개인의 자유이다. 도덕의 문제이고 법이나 규칙으로 정해진 것이 아니기 때문에 샘을 돕지 않았다고 해서 비난해서는 안 된다.

2. 보리스와 아빠는 샘이 위험에 빠진 것을 단순히 목격했을 뿐이다. 모든 상황을 정확하게 파악하기 힘들었기 때문에 지켜보고 있었을 뿐 쉽게 도와줄 수 없었을 것이다.

3. 위험에 빠진 샘을 도우려다가 보리스의 가족이 위험에 빠지거나 피해자가 될 수 있기 때문에 그냥 지켜보는 것이 최선의 행동이다. 자신이 위험에 빠지면서까지 다른 사람을 도와주는 것도 옳지 않다.

4. 위험이나 어려움에 빠진 사람을 보고 도와주고 싶은 마음이 있어도 쉽게 용기가 나지 않거나 좋은 방법이 떠오르지 않아서 실제 행동으로 옮기기 어려운 경우가 많다.

반대	샘을 돕지 않은 보리스 가족의 행동은 정당하지 않다.	☐

1. 외국인이라는 이유로 돌멩이를 던지는 것은 옳지 않은 행동이다. 위험에 빠진 샘을 보고 돕지 않고 그냥 지켜만 보는 것은 옳지 않은 행동을 모른 척하는 것이다. 방관하면 죄책감을 느끼게 될 수 있다.

2. 위험이나 어려움에 빠진 사람을 보고 자신이 위험에 빠지거나 피해가 올 수도 있다는 생각에 지켜만 보는 행동은 이기주의적인 태도이다.

3. 같은 반 친구인 샘이 위험에 빠졌는데 지켜만 보는 행동은 비겁하다. 소냐처럼 직접적이고 적극적인 방법으로 도와주지는 못하더라도 경찰에 신고하거나 소리를 지른다거나 하는 소극적인 방법으로 도움을 줄 수도 있었다.

4. 도움이 필요한 사람에게 도움을 주면 내가 도움이 필요할 때 도움을 받을 수 있다. 서로 돕지 않으면 공동체가 유지될 수 없다. 건강한 사회를 만들기 위해 어려움에 처해 있는 사람들을 서로 돕는 마음이 필요하다.

5. 만약 보리스 가족처럼 모든 사람이 지켜만 보고 아무도 돕지 않았다면 샘이 더 큰 위험에 빠질 수 있었다. 개인의 자유나 안전도 중요하지만 위험에 빠진 사람의 생명을 구하는 것도 중요하다.

『커피우유와 소보로빵』에서 가장 기억에 남는 장면을 떠올려보고, 자기 생각과 느낌을 다른 친구들과 공유해 봅시다.

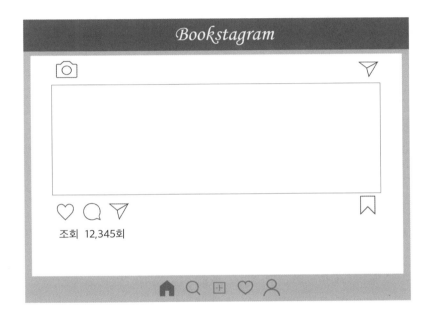

 활용 TIP

가장 기억에 남는 장면이나 문장을 글과 그림으로 표현하고, 느낀 점을 간단하게 정리해 볼 수 있도록 한다. 해시태그(#)를 이용하여 자신이 표현하고자 하는 내용이나 주제를 재미있게 표현해 볼 수 있도록 했다.

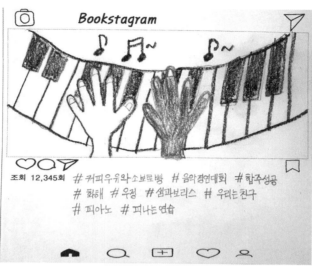

조회 12,345회 #커피우유와소보로빵 #음악경연대회 #합주성공
#화해 #우정 #셈과브리스 #우리는친구
#피아노 #피나는연습

조회 12,345회 #커피유유와 소보로빵 #불타는 곰인형 #깨끗한 곰인형
#브리스 아빠 #차별금지 #편견금지

#난민 #다문화 #차별 #편견 #이해 #화해 #친구

세상에서 가장 슬픈 여행자, 난민
하영식 글, 김소희 그림, 사계절

인종, 종교, 정치, 사상의 차이 또는 전쟁을 피해 조국을 떠나는 난민들의 상황과 처지를 국제 분쟁 전문 기자의 인터뷰와 취재를 통해 알아본다. 난민의 의미와 처지와 상황, 난민이 왜 생겨나는지, 국제사회의 난민 문제 해결 노력에 대해 알아볼 수 있다.

우리 밖의 난민, 우리 곁의 난민
메리 베스 레더데일 글, 엘리노어 세익스피어 그림, 원지인 옮김, 보물창고

안전과 평화를 찾아 목숨 걸고 바다를 건너는 다섯 난민 아이의 실화를 통해 난민들이 처한 상황과 배경을 이해할 수 있다. 인종, 성별, 종교가 다른 아이들이 배에서 겪은 일들과 새로운 곳에 정착하는 여정을 따라 그들의 처지와 감정에 공감할 수 있는 그림책이다.

블루시아의 가위바위보
박관희, 박상률, 안미란, 이상락, 김중미 글, 윤정주 그림, 국가인권위원회, 창비

방글라데시, 몽골, 베트남, 인도네시아 등 우리보다 경제적으로 어려운 나라에서 온 사람들이 겪는 차별과 편견을 이야기하는 동화책이다. 사회적 약자와 소수자를 인정하고 다른 문화를 가진 사람들이 존중하며 함께 살아가는 방법이 무엇인지 생각해 볼 수 있다.

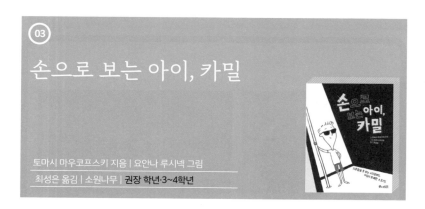

손으로 보는 아이, 카밀

03

토마시 마우코프스키 지음 | 요안나 루시넥 그림

최성은 옮김 | 소원나무 | 권장 학년·3~4학년

==== 줄거리

일곱 살 카밀은 멋진 밤색 머리카락을 가지고 있지만 사실 자신의 머리 색깔을 모른다. 태어날 때부터 카밀은 눈이 보이지 않았기 때문이다. 그러나 카밀은 불행하지 않다. 엄마를 도와 저녁 식사 준비도 할 수 있고, 한 살 차이 나는 누나 주지아와 티격태격 장난도 치면서 재미있게 지내고 있다. 다른 아이들처럼 공놀이도 하고, 가족들과 자전거를 탈 수도 있다.

그러나 집에 놀러 오신 카밀의 고모는 카밀을 '가엾은 불구 조카'라고 부르고, 뜨거운 수프를 먹여주려고 하신다. 또한 밖에서 카밀을 만난 사람들은 장애인이라는 이유로 카밀을 불쌍하게 생각한다. 카밀은 눈이 보이지 않는 건 많이 불편하지만 눈이 안 보이기 때문에 하지 못하는 건 아무것도 없다고 생각한다.

　카밀은 동물원에선 말벌에 쏘인 남자를 도와주고, 박물관에서 조각품을 감상하기도 한다. 때로는 백화점에서 고모의 손을 놓쳐 길을 잃거나 앞이 보이지 않아서 다른 이웃의 집에 착각하고 들어갈 때도 있다. 짓궂은 친구의 장난에 친구들이 만든 블록을 무너뜨리기도 했다.

　그러나 누나와 함께 멋진 크리스마스트리도 만들 수 있고, 멋진 그림을 그리거나 대통령이 되고 싶다는 꿈을 꾸면서 가족들과 즐겁게 지낸다.

📖 O/X 퀴즈

❶ 카밀과 누나 주지아의 머리카락 색깔은 밤색이다. (O)
❷ 카밀은 동물원에서 말벌에 쏘인 아저씨에게 아픈 부위를 양파로 문지르라고 알려주었다. (O)
❸ 카밀은 혼자 자전거를 타다가 쇠기둥에 부딪혀 다리에 깁스를 했다. (×)
❹ 카밀의 생일날 마법사의 요리를 주문했지만 재료가 떨어져서 먹지 못했다. (×)
❺ 카밀의 집은 2층이다. (O)
❻ 음악적 감각이 뛰어난 카밀은 음악 초등학교에 입학해서 악기 연주를 배우게 되었다. (×)

📖 책 속 보물찾기

"내 아들은 조각품을 만지는 게 아녜요. 그저 보는 중이라고요."
"본다고요? ⬚⬚⬚⬚⬚⬚ 으로요?"
"네, 그게 저 아이의 눈이거든요."

벌거벗은 엉덩이, 60쪽

손

카밀은 [　　　] 놀이를 좋아했어요. 자기도 다른 아이들과 동등한 입장에서 참여할 수 있고, 친구들도 앞이 안 보인다는 게 어떤 건지 실제로 체험할 수 있으니까요. 친구 중에 앞을 못 보는 아이는 딱 둘이었어요.

겁 많은 엘라와 회전목마, 111쪽

눈 가리고 술래잡기

"저는요, 달리기나 청소할 때, 아니면 이야기 나눌 때, 꼭 눈이 필요하지 않아요!"
카밀이 큰 소리로 외쳤어요.
"그래, 그렇지. 컴퓨터로 글을 쓰거나 지식이나 정보를 공유할 수 있어. 마사지 테라피를 배울 수도 있고. 운동선수나 조각가, 아니면 아나운서가 될 수도 있지."
아빠가 맞장구쳤어요.
"아니면 [　　　] 이 될 수도 있고요."
카밀이 덧붙였어요.

카밀은 커서 무엇이 될까?, 131쪽

대통령

여러 사람들을 만나며 카밀의 마음 상태가 어떻게 달라졌나요? ①~⑥에서 카밀의 속마음을 상상해보고, 그 중 하나를 골라 가상 일기를 써 봅시다.

① 호수에서 미끄럼틀을 타면서 만난 친구들과 축구를 했다.
② 카밀이 찬 공에 깨진 유리창 조각이 즈비쉑 아저씨의 마당에 떨어졌다.
③ 백화점에서 헬렌카 고모의 손을 놓쳐 길을 잃었다.
④ 자전거를 혼자 타는데 성공했지만 쇠기둥을 박고 굴러 떨어져 깁스를 했다.
⑤ 주지아 누나와 여러 색깔 방울을 매달아 크리스마스 트리를 꾸몄다.
⑥ 음식점에서 정장차림의 아저씨가 카밀에게 함부로 말했지만 사람들의 축하를 받았다.

_____

_____

_____

_____

_____

활용 TIP

책의 줄거리를 확인하면서 제시된 문제 상황을 등장인물 카밀의 입장에서 이해하고 감정에 공감할 수 있다. 인상 깊은 장면을 골라 카밀의 마음 상태를 상상해보고 구체적으로 드러나게 써 볼 수 있도록 한 뒤 발표를 통해 친구들과 내용을 재미있게 공유할 수 있다.

📖 3학년 학생의 활동 결과물

	오늘 가족들과 호숫가에 갔었다. 아빠가 미끄럼틀 타는 걸 알려주셨는데 혼자서도 잘 탈 수 있었다. 내가 사다리를 천천히 올라가서 기다리던 친구들이 재촉했지만 눈이 보이지 않는다고 말했더니 이해해주었다. 그리고 축구도 가르쳐 주었다. 축구는 처음 해봤는데 정말 재미있었다. 즐거운 하루였다.
	오늘은 내 생일! 부모님이 마법사의 요리를 파는 식당에 데려가 주셨다. 그런데 내가 선글라스를 쓴 걸 보고 어떤 아저씨가 겉멋이 들었다고 크게 말해서 슬프고 화가 났다. 우리 가족들도 화가 났고 아저씨도 화를 냈다. 사람들이 아저씨의 행동에 같이 화를 내주어서 아저씨가 집으로 돌아갔다. 그리고 많은 사람들이 내 생일을 축하해주었고 다행히 마법사의 요리도 먹을 수 있었다.

『손으로 보는 아이, 카밀』을 읽고, 카밀을 대하는 여러 사람들의 말과 행동에 어떤 문제점이 있는지 생각해 봅시다.

> ㉮ 헬렌카 고모가 카밀을 보자마자 소리쳤어요.
> "우리 가엾은 불구 조카!"
> 그러고는 카밀을 끌어안았어요. 어찌나 세게 안았던지 카밀은 숨이 콱 막혔어요. 자기는 불구자가 아니라 그저 눈이 안 보이는 것뿐이라고 설명하고 싶었지만 아무 말도 할 수가 없었어요.
>
> 고모는 또 놀러 오실거야, 13쪽.

> ㉯ "전차를 타야해. 아빠가 자동차 점검 받으러 가셨거든."
> "전차요?"
> 카밀이 얼굴을 찌뿌렸어요. 사람들이 "아휴 가엾어라! 너무 안 됐다."라며 자신을 불쌍히 여기는 말을 또 들어야 하니까요.
>
> 여기서 장애인은 누구? 53쪽

　박물관에 간 카밀이 손으로 진열품을 만진 행동에 대해 어떻게 생각하나요? 친구들과 토론해보고, 다음 쪽 표에 자기 생각을 정리해 봅시다.

　카밀이 막 손을 뻗으려는 순간, 근엄한 남자 목소리가 들려왔어요.
　"엉덩이를 만지면 안 돼! 여기 쓰여 있는 게 안 보이니?"
　"네."
　"그럼 글자 읽는 법부터 배워라!"
　"저는 앞이 안 보여요."
　"그게 뭐 대수라고? 규정에 따라 진열품을 만지는 건 금지야!"
　"진열품이 뭐예요? 말이 어려워요."
　주지아가 물었지만 화가 난 엄마는 아저씨와 언쟁을 벌이느라 미처 대답하지 못했어요.
　"내 아들은 조각품을 만지는 게 아니에요. 그저 보는 중이라고요."
　"본다고요? 손으로요?"
　"네. 그게 저 아이의 눈이거든요."
　그래도 아저씨는 카밀이 진열품에 손대지 못하게 했어요. 관람객이 조각을 만지거나, 그림에 침을 뱉거나, 아무튼 진열품에 해를 주는 행위를 할 때 그것을 못 하게 막는 것이 박물관 직원인 아저씨가 해야 할 일이었거든요.

벌거벗은 엉덩이, 58~61쪽

입장	카밀은 박물관 진열품을 만지면 안 된다는 규정을 지켜야 한다. ☐ 카밀이 박물관 진열품을 만져볼 수 있도록 허용해 주어야 한다. ☐
이유 1	
이유 2	

찬성	카밀은 박물관 진열품을 만지면 안 된다는 규정을 지켜야 한다.	☐

1. 모든 사람이 평등하게 박물관 규정을 지켜야 한다. 카밀에게만 박물관 진열품을 만질 수 있게 혜택을 주면 다른 사람들에게 불공평하다.

2. 손으로 작품을 만져서 작품이 파손될 수 있어서 위험하고 다른 사람들이 작품을 제대로 감상할 수 없다.

3. 카밀과 같은 장애인들이 작품을 감상할 수 있도록 말로 잘 설명해주거나 모형을 만들어서 만져볼 수 있도록 다른 체험 학습을 준비했으면 좋겠다.

4. 박물관 규정을 지키지 않으면 다른 사람들도 규칙을 지키지 않게 되어서 질서가 흐트러지고 사고가 생길 수 있다.

반대	카밀이 박물관 진열품을 만져볼 수 있도록 허용해 주어야 한다.	☐

1. 카밀처럼 눈이 보이지 않는 시각장애인들은 박물관에서 관람할 수 없고 박물관에 가는 의미가 없어서 혼자 외롭고 마음이 슬플 것이다.

2. 박물관 진열품을 만지면 안 되고 눈으로만 감상하는 것은 장애인이 아닌 사람들이 더 많기 때문이다. 카밀이 진열품을 만질 수 있게 하는 것은 다른 사람을 차별하는 것이 아니다.

3. 카밀도 다른 사람들처럼 작품을 감상할 수 있도록 배려해 주어야 한다. 장애인들에게 배려를 하면 배려하는 사람도 기분이 좋아져서 박물관에 찾아오는 모두가 만족할 수 있을 것이다.

4. 관리인 아저씨가 카밀에게 너무 엄격하게 말해서 카밀과 카밀의 가족들이 상처를 받았을 것 같다. 카밀이 눈이 보이지 않는 상황을 고려해서 예외로 만져볼 수 있게 해 주었으면 좋겠다.

　　카밀과 같은 장애를 가진 친구들이 행복하게 지내기 위해서 필요한 태도는 무엇인가요? 친구들과 이야기해 보고, 일상생활에서 실천할 수 있는 규칙을 함께 만들어 봅시다.

_____

_____

_____

_____

_____

📖 3학년 학생들의 발표 내용

1. 카밀과 같이 공놀이를 하던 친구들처럼 장애가 있거나 몸이 불편한 친구들을 차별하지 않고 다른 친구들과 똑같이 대한다.

2. 장애가 있어서 다르다는 이유로 불쌍하게 생각하거나 지나친 관심을 보이지 않는다.

3. 몸이 불편한 친구들이 학교생활이 불편하지 않도록 양보하고 배려하는 마음을 갖는다.

4. 몸이 불편한 친구들이 도움이 필요하다고 말하면 친절하게 잘 도와준다.

5. 카밀이 '장님이나 불구' 같은 말에 상처를 받았던 것처럼 몸이 불편한 친구들이 마음의 상처를 받지 않도록 심한 말을 하지 않는다.

『손으로 보는 아이, 카밀』을 읽고 장애인에 대한 생각이 바뀌었나요? 카밀의 행동을 통해 느낀 점을 친구들과 이야기해 보고, 주인공 카밀에게 보내는 편지를 써 봅시다.

_____

_____

_____

_____

_____

_____

 활용 TIP

등장인물에게 편지쓰기는 평소 학생들이 많이 해 온 독후 활동 형태이지만 의미 있는 쓰기 수행이 이루어지도록 편지 쓰기의 주제를 한정해주었다. 『손으로 보는 아이, 카밀』을 읽고 새롭게 알게 된 점, 카밀에게 배울 점, 자신의 경험, 앞으로 필요한 태도 등 쓸 수 있는 내용을 소제목 형태로 제시해주면 책을 읽고 느낀 점이 잘 드러나는 편지 쓰기를 할 수 있다.

	카밀! 너는 눈이 보이지 않는데도 자전거도 타고 축구도 할 수 있어. 너는 도전을 많이 하는구나. 나는 책을 읽으면서 너에게 도전하는 용기를 배우고 싶다고 생각했어. 내가 너처럼 눈이 보이지 않는 장애인이 된다면 정말 슬펐을 거야. 나도 앞으로 힘들어도 포기하지 않고 끝까지 노력해서 꼭 꿈을 이룰 거야.
	카밀~ 안녕! 나는 장애인이 되면 불행한 줄 알았는데 너는 정말 멋진 아이야. 사람들이 너를 보면서 불쌍하다고 말하고 불행하다고 생각하지 않았으면 좋겠어. 넌 무엇이든지 다 잘 할 수 있으니까~ 그리고 박물관에서 네가 진열품을 만지게 해줬으면 좋겠어. 그러면 니가 더 행복해질 수 있을 것 같아. 나는 너처럼 몸이 불편한 친구들을 잘 도와줄거야.

『손으로 보는 아이, 카밀』과 함께 읽으면 좋은 책

#장애 #편견극복 #가족 #행복 #인권

『찬이가 가르쳐 준 것』
허은미 글, 노준구 그림, 한울림스페셜

　뇌병변 장애가 있는 찬이와 찬이의 가족들의 일상을 통해 장애인에 대한 차별의 시선에 대해 생각해보고 장애인의 가족들이 겪는 감정에 공감할 수 있다. 작은 것에 감사하며 행복을 느끼는 찬이 가족의 모습을 통해 진정한 사랑의 의미도 깨닫게 된다.

『달려라 왼발 자전거』
로리 앤 톰슨 글, 션 퀄스 그림, 길상효 옮김, 씨드북

　한쪽 다리만 갖고 태어난 임마누엘은 자신의 장애를 감추지 않는다. 사회의 편견을 극복하고 한쪽 다리로 가나를 자전거 횡단, 사람들에게 감동과 희망을 전한 임마누엘의 삶은 불구란 불가능을 뜻하지 않는다는 것과 한 사람의 힘으로 세상을 바꿀 수 있다는 것을 보여준다.

『모두가 행복할 권리 인권』
바바라 피크자 글, 티보르 카르파티 그림, 권양희 옮김, 봄볕

　'세계 장애인 권리 협약'을 어린이 눈높이에서 쉽게 풀어서 설명하는 그림책이다. 세계 장애인 권리 협약을 통해 장애를 가진 친구들의 자유와 권리도 똑같이 소중하며 사회의 구성원으로서 차별 없이 행복하게 살기 위해 많은 사람들의 노력이 필요하다는 것을 생각해 볼 수 있다.

04

그림 도둑 준모

오승희 지음 | 최정인 그림 | 낮은산
권장 학년 · 3학년

━━━ 줄거리

초등학교 3학년 준모는 아이들 앞에서 상을 받는 친구들이 부럽다. 준모는 상을 타서 엄마를 기쁘게 해주고 싶고, 공부도 열심히 하려고 노력하지만 잘하는 게 없다는 생각에 속상하기만 하다. 엄마의 권유로 미술학원에 다니며 그림 연습을 시작하지만 상을 받지 못한다.

학교에서 불조심 그림 그리기 대회가 열리고 준모는 미술학원에서 연습한 그림을 그렸다. 학교가 끝난 후 숙제 때문에 책을 가지러 빈 교실에 간 준모는 교탁 위에 쌓여있는 그림을 발견한다. 자신이 그린 그림을 보고 부끄러운 생각이 들어 구겨버리고, 예린이의 그림을 부러워하며 이름을 대신 써 주려던 준모는 갑자기 선생님이 들어오

시자 깜짝 놀란다. 예린이의 그림에 이름이 안 써 있다고 말했지만 선생님은 준모의 말을 잘못 듣고 예린이의 그림에 준모 이름을 쓰신다. 자신의 그림이 아니라고 말하려던 준모는 선생님을 기다리다가 아무 말도 못 하고 집으로 돌아온다.

일주일 동안 선생님께 사실을 말씀드리지 못한 준모는 그림 대회에서 상을 탄다. 준모는 기뻐하는 엄마의 모습을 보면서 걱정하면서도 사실을 말하지 못한다. 그림대회 입상자 작품들을 전시한다는 말을 듣고 괴로워하던 준모는 나무에 올라가다가 떨어져서 다쳤으면 좋겠다고 생각한다. 나무 높은 곳까지 올라가 체육 선생님의 도움으로 구출된 준모는 집에 돌아와 엄마에게 사실을 고백하고 푸르미 동산에는 예린이의 이름이 써진 그림이 전시되었다.

그 뒤로도 준모는 그림 그리기 대회에서 상을 타지 못했지만 전처럼 속상하지는 않았다. 예린이가 상을 받아도 엄마는 전처럼 준모를 야단치지 않았다. 하늘나무를 찾아간 준모는 다행이라고 생각한다.

📖 O/X 퀴즈

❶ 푸르미 동산에 있는 준모가 하늘나무라고 부르는 나무는 은행나무이다. (○)
❷ 준모의 가장 친한 친구 이름은 경태이다. (×)
❸ 준모는 피아노 학원과 수학 학원에 다닌다. (×)
❹ 준모는 그림 연습을 해서 상을 받고 싶은 마음에 미술학원에 다니고 싶다고
　말했다. (×)
❺ 준모가 학원을 마치고 다시 학교에 간 이유는 숙제 할 책을 놓고 왔기 때문
　이다. (○)
❻ 준모는 교내 환경 그림 그리기 대회에서 처음으로 상을 받았다. (×)
❼ 하늘 나무에 올라간 준모를 구해 준 사람은 체육 선생님이다. (○)
❽ 준모는 예린이의 그림으로 상을 받았다는 사실을 엄마에게 가장 먼저 고백
　했다. (×)

📖 책 속 보물찾기

선생님이 미술 대회 수상자 발표를 할 때면 나도 모르게 귀가 쫑긋해지
고, 결국 다른 아이들 이름을 부를 때는 내 귀를 막고 싶다.
정말 열심히 했는데, 손가락이 아프도록 정성을 기울였는데. 어른들이
말하길 [　　　　] 을 다하면 못 이룰 일이 없다 했는데…….
하지만 난 정말 [　　　　] 을 다한 것이었다. 미술학원에 빠진 적도 없
고, 집에 빨리 가서 만화영화 보고 싶은데도 그림은 꼭 다 그리고 갔다.

　　　　　　　　　　　　　　　　　　　　　　　　　나는 못난 아이인가?, 37쪽

　　　　　　　　　　　　　　　　　　　　　　　　　　　　　　　최선

엄마는 너무나 기뻐했다.

［　　　　　　］ 같은 거 하나도 중요하지 않다는 말은 진짜 마음이 아니었나 보다.

나도 함께 기뻐할 수 있으면 얼마나 좋을까? 진짜 상을 받은 거라면 난 뻐지면서 변신로봇이나 새로 나온 팽이를 사 달라고 했을 거다.

하지만 지금은 숨고만 싶었다.

드디어 상을 받다, 71쪽

상장

은행나무는 까마득한 하늘 끝까지 가지를 뻗고 있다. 어쩌면 이렇게 큰지! 꼭대기 가지들이 바람에 흔들려 천천히 움직이면 마치 하늘을 쓰다듬고 있는 것 같다.

이걸 타고 올라가면 하늘에 오를 수 있을 것만 같다. 그래서 나는 이 나무를 ［　　　　　　］라고 한다.

내 소질, 발견되다! 22쪽

하늘나무

준모가 자신의 행동을 바로 잡았다면 이야기 내용이 어떻게 달라졌을까요? 준모의 행동을 바로잡고 싶은 부분을 고르고 그렇게 생각한 이유를 적어봅시다.

① 상을 받는 친구들을 부러워한다.

② 엄마의 권유로 미술학원에 다니기 시작한다.

③ 선생님 책상 위에서 불조심 그림 대회 작품을 발견하고 자신의 그림을 구겨버렸다.

④ 선생님께 예린이의 그림이 자신의 그림이 아니라고 말하지 못했다.

⑤ 불조심 그림 그리기 대회에서 상을 받았다.

⑥ 하늘나무 높은 곳까지 올라간다.

부분	
이유	

활용 TIP

책의 줄거리를 확인하면서 제시된 문제 상황에서 준모의 행동을 구체적으로 이해하는 활동이다. 준모의 행동에 대해 토론을 시작하기에 앞서 자신의 입장을 정하고 문제 해결 방법을 생각해보는 데 도움을 얻을 수 있다.

📖 3학년 학생들의 발표 내용

①번	상을 받지 못해서 속상하지만 스스로 못난 아이라고 생각하면 안 된다. 친구들이 상을 받으면 기쁜 마음으로 축하해 주면 된다. 준모도 노력하면 잘하는 것이 있을 텐데 자신감을 가졌으면 좋겠다.
②번	엄마가 시키는 대로 미술학원에 다니는 것보다 먼저 자신이 좋아하고 배우고 싶은 것이 무엇인지 생각해봤으면 좋았을 것이다.
④번	준모가 용기를 내어 자기 그림을 구겨버렸다고 솔직하게 말했다면 문제가 커지지 않았을 것이다. 준모가 상을 받은 그림이 예림이 그림이라고 말했다면 죄책감 때문에 힘들지 않았을 것이다. 내가 준모라면 엄마에게 빨리 말씀드려서 문제를 해결했을 것이다.
⑥번	사실이 밝혀질까 봐 나무에 올라가서 다쳤으면 좋겠다고 생각하는 것은 위험하고 어리석은 생각이다. 만약 준모가 나무에서 떨어져서 다쳤다면 엄마가 더 슬퍼하고 속상하셨을 것이다.

온작품읽기로 만나는 독서토론논술

준모가 그림 도둑이 된 것은 누구의 잘못인가요? 예린이 그림을 자신의 그림이 아니라고 말하지 못한 준모의 행동에 대해 친구들과 토론해 보고 자기 생각을 정리해 봅시다.

교실 안은 조금 어두웠다. 내 자리에 가서 수학 익힘책과 쓰기책을 챙겼다. 교실을 나오려다가 나는 흘끗 교탁을 바라보았다. 교탁 위에는 아까 우리가 그린 그림이 그대로 쌓여있었다.

그리기 대회 시간 생각이 났다. 그래서 그리로 다가갔다. 예린이 그림은 맨 위에 있었다. 다시 봐도 정말 잘 그린 것 같았다. 그다음 그림들을 들춰보았다. 아이들 그림은 비슷비슷했다. 몇 장을 더 들추니 내 그림이 나왔다. 내 그림. 참 낯설어 보였다.

이게 아까는 그렇게 잘 그린 그림 같아 보였다니, 다른 아이들 그림이랑 크게 다르지 않았다. 아니 어쩌면 친구 그림보다도 못 그린 것 같았다. 이런 걸 그리고는 상을 받을지도 모른다고 생각했다니. 내 그림을 확 구겨 버렸다.

"이런 건 차라리 없는 게 낫겠어."

나는 분풀이라도 하듯 그림을 신발주머니에 아무렇게나 쑤셔 넣었다. 그리고는 꾹꾹 눌러버렸다. 금세 쓰레기가 되어 버린 내 그림을 보니 너무나 속상했다. 예린이 그림을 다시 보았다. 나도 이렇게 그릴 수 있으면 얼마나 좋을까? 그러다가 무심코 그 도화지 뒷면을 보게 되었다. 거기에는 아무것도 씌어있지 않았다.

다시 그림을 보았다. 예린이 그림이 맞는데. 예린이가 서두르다가 이름을 안 쓴 것 같았다. 예린이 이름을 써 주어야 하는 게 아닌가 하는 마음이 들었다. 그런데 예린이 이름을 써 주려다가 보니 '이게 예린이 그림이 진짜 맞나?"하는 생각이 들었다.

잠깐 머뭇거리고 있는데 갑자기 교실 문이 드르륵 열렸다. 너무 놀라 자빠질 뻔했다. 선생님이었다. 선생님도 눈이 동그래져서 물었다.

"아니, 너 준모 아니니? 웬일이야, 이 시간에?"

말문이 막혔다. 내가 무엇 하러 왔는지도 잊어 버렸다. 선생님은 마구 흩어진 그림들을 보더니 얼굴을 찌뿌렸다.

거기, 이름이……, 53쪽~59쪽

| 입장 | 준모가 그림 도둑이 된 것은 준모의 잘못이다. | ☐ |
| | 준모가 그림 도둑이 된 것은 준모의 잘못이 아니다. | ☐ |

찬성	준모가 그림 도둑이 된 것은 준모의 잘못이다.	□

1. 그림 대회가 끝나고 준모가 빈 교실에 가서 선생님께 제출한 그림 작품들에 손을 대는 것은 옳지 않은 행동이다.

2. 준모가 용기를 내어 자신의 그림을 구겨 버렸다는 사실을 고백할 수 있는 시간이 충분히 있었는데 예린이의 그림으로 상을 받을 때까지 부모님이나 선생님께 말씀드리지 않았다.

3. 준모가 일부러 한 행동은 아니지만 결국 예린이의 그림으로 상을 받았기 때문이다.

4. 일주일 동안 준모가 자신의 그림을 버렸다는 사실을 말하지 않은 것은 상을 받고 싶은 마음 때문에 욕심이 생겼기 때문이다.

반대	준모가 그림 도둑이 된 것은 준모의 잘못이 아니다.	□

1. 선생님이 바쁘셔서 준모의 말을 끝까지 듣지 않으셨다. 선생님이 확인을 잘 하지 않으시고 예린이의 그림에 선생님이 준모의 이름을 쓰셨다.

2. 준모가 그림을 구겨버린 것은 자신이 상을 받고 싶은 마음 때문에 의도하고 한 행동이 아니다. 자신의 그림을 보고 부끄러움을 느꼈기 때문이다.

3. 준모는 사실을 선생님께 말하고 싶어서 선생님을 기다렸지만 만나지 못했고, 다음 날은 선생님 기분이 좋지 않으셔서 용기가 나지 않았을 것이다.

4. 예린이가 자기 그림에 이름을 잘 써서 제출했다면 준모가 예림이 그림으로 상을 받는 일은 없었을 것이다.

5. 준모가 일부러 예린이의 그림을 훔치려고 했다면 끝까지 자신의 잘못을 숨기려고만 했을 것이다. 준모는 혼자 힘들어했고 친구에게 사실을 고백했다.

6. 준모 엄마가 다른 친구들과 비교하면서 준모에게 부담을 주지 않았다면 준모가 친구들이 상을 받을 때마다 속상하지 않았을 것이다. 준모 엄마에게도 잘못이 있다.

▬▬▬ 활동 3

    학교에서 상을 주는 것은 필요한가요? 친구들과 토론해보고, 자기 생각을 정리하여 글로 정리해 봅시다.

입장	학교에서 상을 주는 것은 필요하다. 학교에서 상을 주는 것은 필요하지 않다.	☐ ☐
이유 1		
이유 2		
결론		

 **3학년 학생들의 토론 내용**

찬성	학교에서 상을 주는 것은 필요하다.	☐

1. 잘 못 하는 아이가 열심히 노력해서 상을 받으면 자신감과 용기를 얻을 수 있다.

2. 상을 받는 것은 자신이 열심히 노력한 결과에 대해 칭찬과 보상을 받으면 기분이 좋아서 다음에 더 열심히 노력하고 싶은 마음을 가지게 된다.

3. 학교에서 상을 주지 않으면 아이들이 열심히 노력하지 않을 것이다. 아이들은 상을 받고 싶은 마음이 생기고 좋은 결과를 얻기 위해서 최선을 다하게 된다.

반대	학교에서 상을 주는 것은 필요하지 않다.	☐

1. 준모네 반처럼 몇몇 아이들만 상을 많이 받으면 못 받은 친구들은 속이 상한다.

2. 상 때문에 친구들이 경쟁을 하게 되고, 친구들 사이가 나빠질 수 있다.

3. 상을 받고 싶어서 욕심 때문에 하고 싶지 않은 일도 하게 되고 나쁜 행동을 하게 될 수 있다.

4. 열심히 노력한 모든 아이가 다 상을 받을 수 있는 것이 아니고 상을 주는 것은 결과만 중요하게 생각하는 것이다.

5. 상장은 그냥 종이이고 받는 것은 형식적이다. 상장을 받는 것보다 자기가 열심히 노력하고 스스로 만족하는 것이 중요하다.

　내가 잘하는 것은 무엇인가요? 『그림 도둑 준모』를 읽고 느낀 점을 바탕으로 자신의 경험을 떠올려보고, 나 자신에게 주는 상장의 내용을 완성해 봅시다.

상　장

이 름 ───────

위 사람은 ──────────────────────
　　　　──────────────────────
　　　　──────────────────────

이에 표창장을 수여합니다.

년　　월　　일

활용 TIP

> 『그림 도둑 준모』를 읽고 느낀 점을 자신의 일상생활 경험과 연관 지어 생각해 보고 표현하는 활동을 통해 가치를 내면화할 수 있다. 특별하거나 뛰어난 재능이 아니더라도, 칭찬해주고 싶은 자신의 긍정적 모습을 발견하여 구체적으로 쓸 수 있도록 지도하고 상장의 이름도 바꾸어 써 보도록 했다.

상 장

이름 남현유

위 사람은 동생이 귀찮게하고 방해해도
사이좋게 잘 놀아줘서

이에 표창장을 수여합니다.

2020년 6월 30일

상 장

이름 김태진

위 사람은 매일 피아노 연습을 열심히 해서
'베야'를 연주할 수 있게 되었으므로

이에 표창장을 수여합니다.

2020년 6월 26일

상 장

이름 구태후

위 사람은 축구를 할 때
치타보다 더 빨리 달리므로

이에 표창장을 수여합니다.

2020년 11월 5일

상 장

이름 노유빈

위 사람은 학교 청소당번이었을 때 청소를 열심히 했으며

이에 표창장을 수여합니다.

2020년 11월 5일

「그림 도둑 준모」와 함께 읽으면 좋은 책

#학교생활 #양심 #상장 #칭찬 #자존감

『나쁜 어린이 표』
황선미 글, 이형진 그림, 이마주

3학년 건우는 자신의 의도와는 상관없이 '나쁜 어린이표'를 받게 되면서 억울하고 속상한 마음이 든다. 건우는 선생님이 미워지고 '나쁜 선생님 표'를 만들기도 한다. 어느 날 우연히 선생님 책상에서 노란색 스티커 통을 발견한 건우는 스티커를 찢어 화장실에 버린다. 건우가 내적 갈등을 겪고 해소하는 과정을 통해 칭찬을 받고 싶은 마음에 공감하고 어른들의 훈육과 올바른 소통 방식에 대해서도 생각해 볼 수 있다.

『일기 감추는 날』
황선미 글, 조미자 그림, 이마주

동민이는 일기 때문에 고자질을 했다는 오해를 받고 일기에 쓴 자신의 진심이 오해를 받으면서 일기는 쓰지만 자신의 마을 감추게 된다. 주인공 동민이가 가족, 친구들, 선생님 사이에서 겪은 여러 가지 갈등을 풀어가며 성장하는 과정에 공감할 수 있다.

05

몽실언니

권정생 지음 | 이철수 그림 | 창비

권장 학년·5~6학년

━━━ 줄거리

몽실은 가난한 친아버지 정씨와 어머니 밀양댁 사이에서 태어난
다. 아버지는 돈을 벌기 위해 살강 집을 떠나고 몽실은 어머니와 단둘
이 살게 된다. 밀양댁은 굶주림을 피해 댓골에 사는 김 주사 아저씨와
재혼하고 몽실은 댓골에서 살게 된다.

새아버지 김 주사와 할머니는 처음에는 몽실이에게 잘해 주었지
만, 남동생 영득이가 태어난 이후 몽실을 구박하며 집안일만 하게 한
다. 어느 날 몽실의 친아버지가 찾아오고 새아버지와 어머니는 심하
게 다툰다. 새아버지가 밀어젖힌 어머니의 몸에 깔려 몽실이는 절름
발이가 된다.

어느 날 찾아온 고모는 몽실을 친아버지 정씨가 돌아온 노루실에 데려다주고, 새어머니 북촌댁과 함께 살게 된다. 6.25 전쟁이 터지면서 머슴살이를 하던 아버지는 군대에 가고, 폐병으로 몸이 약했던 북촌댁은 아이를 낳다가 죽고 만다. 몽실은 태어난 아기에게 난남이라는 이름을 지어주고 암죽을 끓여 먹이며 난남이를 키운다. 난남이를 업고 고모를 찾아가지만 전쟁 중에 돌아가셨고, 친어머니 밀양댁을 찾아가 지내다가 새아버지가 군대에서 돌아온 뒤 노루실로 돌아온다. 노루실로 돌아온 몽실은 식모살이를 하며 지내고, 참전했던 아버지 정씨가 다리 부상을 입고 돌아와 함께 살게 되면서 구걸을 하기로 결심한다.

　친어머니 밀양댁이 병으로 죽고 난 뒤 몽실은 댓골에 가서 영득, 영순이를 돌봐주지만 김씨가 재혼한 뒤 더 이상 가지 못한다. 아버지 정씨의 다리 상태가 안 좋아지자 치료받기 위해 자선병원에 찾아가지만 긴 줄을 기다리다가 치료도 받지 못하고 돌아가신다. 몽실은 노루실을 떠나 부산의 서금년 아줌마 집에서 살게 되고, 난남이는 부잣집에 입양된다.

　30년이 흘러 몽실은 구두 수선공인 꼽추 남편과 결혼하여 두 아이의 엄마가 된다. 입양 후 많은 귀여움을 받으며 예쁘게 자란 난남이는 결혼 후 자신의 어머니처럼 폐병에 걸려 남편에게 버림받고 요양원에 가게 된다. 몽실은 불편한 다리를 이끌고 병문안을 간다. 몽실은 여전히 가족들을 보살피면서 굳세게 세상을 살아간다.

📖 O/X 퀴즈

❶ 몽실이가 밀양댁을 따라 댓골 김씨 새아버지집에 처음 갔을 때 여덟 살이었
  다. (×)
❷ 몽실이는 왼쪽 다리를 다쳐 절름발이가 되었다. (○)
❸ 몽실이의 동생 난남이의 생일은 7월이다. (○)
❹ 몽실이가 태어난 곳은 살강 마을이다. (×)
❺ 몽실이는 읍내에서 신발가게를 하는 최 씨네 집에서 식모살이를 했다. (○)
❻ 몽실이는 읍내 거리에서 꽃을 파는 아이에게 돈을 주고 진달래꽃을 샀다. (×)
❼ 전쟁에서 부상을 당한 정씨 아버지는 부산 자선병원에서 치료를 받았다. (×)

📖 책 속 보물찾기

"아버지가 그날 찾아가지 않았더라면 몽실이 다리는 괜찮았을텐데, 아
버지 때문이구나."
"아버지가 오셨기 때문에 그토록 큰 싸움이 난거여요. 그러나 아버지가
오지 않았어도 김 씨 아버지와 엄마는 자주 싸웠어요. 그러니까 언젠가
는 내가 다리를 다치게 됐을 거여요."
"……"
"다리 다친 건 내 ☐☐☐☐ 여요."

5. 까치바위골 할아버지. 71쪽

팔자

몽실이는 기차 안에서 또 생각을 떠올렸다. 읍내 거리에서 꽃 팔던 애였다. 그 애는 자기 손으로 돈을 벌어 식구들을 위해 비지를 사다 먹고 있었다. [   ]로 얻어먹어선 안 된다고 했다. 그런데도 몽실은 이번에도 또 [   ]로 얻은 돈으로 기차를 타고, [   ]로 치료해 준다는 병원을 찾아가고 있는 것이다. 지루한 기차 안에서 몽실은 아름다운 봄이 찾아와 진달래가 피고 새들이 지저귀는 바깥 풍경을 바라볼 여유도 못 가진 채 한숨을 쉬었다.

19. 모두모두 내 동생. 241쪽

공짜

난남이는 보퉁이를 끌러봤다. 거기 「[   ]의 일기」와 「시턴의 동물기」가 들어있었다. 모두 지난날 한번씩 읽어 본 책들이었다.
난남은 [   ]를 사랑했다. 그리고 자신도, 몽실이도, 죽은 금년이 아줌마도, 한국의 모든 여자들인 [   ] 같다고 생각했다.

23. 가파른 고갯길. 291쪽

안네

참고 자료

EBS 지식채널ⓔ《正生》2007.08.06.

1950년대 시골 들판에서 갓난아이를 업고 울고 있는 어린이의 모습.
출처 : 프랑스 사진가, 영화감독 크리스 마커

1951년 서울 영등포구의 난민수용소에서 어린 동생을 등에 업고 있는 소녀의 모습
출처 : 미국 국립문서기록관리처

 활용 TIP

보조 자료를 통해 학생들의 관심과 흥미를 유발하고, 권정생 작가의 삶과 가치관에 대해 알아보면서 『몽실 언니』를 더 깊이 있게 이해할 수 있도록 돕는다.

사진 자료를 통해 『몽실언니』는 작가가 상상하여 꾸며 쓴 허구의 이야기이지만, 6.25 전쟁 당시의 사진 자료를 통해 이야기의 내용이 현실을 반영하고 있으며 당시 시대적 상황에서 충분히 있었던 일들이 담겨 있는 이야기라는 것을 이해할 수 있다.

1. 『몽실언니』를 읽고 몽실 언니의 '뇌 구조 그리기'를 통해 주인공 몽실 언니의 삶의 모습에 대해 생각해 봅시다.

 활용 TIP

몽실언니 줄거리를 확인하면서 몽실언니가 삶의 과정에서 가장 중요하게 생각하는 것이 무엇이었는지 생각해 보는 활동을 통해 몽실이의 삶의 모습과 가치관에 대해 생각해 볼 수 있다. 친구들과 결과물을 공유하고 이야기를 나누는 활동을 통해 공통적인 부분을 찾아보면서 이어지는 토론 활동의 논제를 이해할 수 있도록 한다.

　『몽실언니』를 읽고, 주인공 몽실언니가 처한 상황과 현실 대응 방식을 살펴보고,
배울 점은 무엇인지 생각해 봅시다.

　　절름발이 아이가 밥을 얻으러 다닌다는 것을 아랫마을, 윗마을 그리
　고 온 장터 사람들 모두가 알게 되었다. 그 절름발이 아이의 아버지는
　군에 갔다 포로가 되어 도망쳐 왔고, 어머니는 옛날에 집을 나가서 다른
　남자에게 시집갔다는 것도 알려졌다. 조그맣고 예쁜 계집애는 배다른
　동생으로 어미는 6.25 때 굶어 죽었다는 것도, 몽실이 다리는 의붓 아버
　지가 두들겨 패서 병신이 됐다는 것도 훤히 알고 있었다. 몽실은 보리가
　누렇게 여물 때까지 구걸을 해다 난남이를 먹여 살렸다.

　　　　　　　　　　　　　　　　　　　17. 구걸하는 몽실이. 217쪽

처한 상황	
현실 대응 방식	
배울 점	

몽실이가 처한 현실 상황을 개인적 문제와 사회적 문제로 나누어 구체적으로
이야기해 보고, 몽실이의 말과 행동을 통해 자신의 운명을 순응하는 모습에 대
해 이해할 수 있도록 한다.
몽실이의 현실 대응 방식에 대해 비판적인 생각을 가진 학생들의 반응도 수용
하면서, '내가 몽실이라면 현실에 어떻게 대응했을지' 생각해보고 『몽실언니』
가 전달하고자 하는 주제를 추론할 수 있도록 한다.

   가족들을 위해 희생한 몽실언니의 삶의 방식은 바람직한가요? 몽실언니의 행동에 대해 친구들과 토론해보고, 자기 생각을 정리하여 몽실언니에게 보내는 편지를 써 봅시다.

>   몽실은 영득이를 떠올렸다. 영순이도 떠올렸다. 이젠 모두가 이렇게 뿔뿔이 헤어져 버린 것이다. 몽실은 그토록 악착스레 버티어 온 절름발이 병신 다리가 이렇게 허무하게 무너져 내린 것이 서러웠다.
>   "어머니이!" 몽실은 어머니를 불렀다. 두 사람의 어머니가 함께 나타났다. 아버지를 두고 오로지 먹을 것을 위해 새로운 남편을 찾아갔던 어머니. 몽실은 가엾은 북촌댁을 그려보았다. '어머니는 난남이를 끝까지 지켜주기를 바라실거야.' 몽실은 크게 한번 고개를 흔들었다.
>   '그래, 난 앞으로도 이 절름발이 다리로 버틸거야. 영득이랑 영순이랑 그리고 난남이를 보살펴야 해. 영득이 영순이를 찾아갈거야. 꼭 찾아갈거야.'
>
> 22. 모두 다 떠나가고. 277~278쪽

입장	가족들을 위해 희생한 몽실언니의 삶의 방식은 바람직하다.	☐
	가족들을 위해 희생한 몽실언니의 삶의 방식은 바람직하지 않다.	☐

5학년 학생들의 토론 내용

찬성	가족들을 위해 희생한 몽실언니의 삶의 방식은 바람직하다.	☐

1. 가족들을 위해 자신을 희생하는 삶은 몽실언니가 가족을 진심으로 사랑하고 소중하게 생각했기 때문에 스스로 선택한 것이다.

2. 고통스럽고 힘들다고 가족들을 외면하고 자신을 위한 삶을 살았다면 몽실 언니는 행복하지 않았을 것이다.

3. 전쟁과 가난으로 비극적인 상황 속에서도 포기하지 않고 가족들을 지키고 돌보면서 살아온 몽실언니의 삶의 모습을 본받아야 한다.

4. 불행한 현실 속에서 몽실이에게는 가족을 돌보는 일이 삶의 희망이 되었을 것이다. 가족들을 돌보기 위해 몽실이도 굳센 의지를 가지고 현실을 견디고 꿋꿋하게 살아갈 수 있었다.

5. 전쟁과 가난으로 제대로 교육도 받지 못했던 몽실언니의 입장에서는 다른 삶을 선택할 수 없었고, 최선을 다해 가족들을 돌본 몽실 언니는 책임감이 강한 사람이다.

반대	가족들을 위해 희생한 몽실 언니의 삶의 방식은 바람직하지 않다.	☐

1. 가족들의 삶보다 자기 자신의 삶을 중요하게 생각하지 않았다. 가족들을 위해 희생하고 자신을 위한 삶을 살지 못한 몽실 언니의 삶이 불행하다고 생각한다.

2. 몽실언니는 자신의 행복이 무엇인지 알 기회도 없었고, 행복한 삶을 살기 위한 노력을 하지 않았다. 여러 가지 상황에 따라 자신을 소중하게 생각하지 않는 선택을 하였다.

3. 몽실이가 가족들만 돌보며 살아가기보다 자신의 꿈을 찾아가려는 노력을 더 했다면 몽실이의 동생들도 더 나은 삶을 살 수 있었을 것이다.

4. 몽실언니가 지나치게 동생들을 위한 삶을 살았기 때문에 동생들이 몽실언니에게 더 의지하게 되었을 것이다.

몽실언니에게
몽실언니 안녕하세요?
저는 『몽실언니』를 읽으면서 내가 몽실언니였다면 어떻게 했을까? 하고 계속 생각해봤어요. 언니가 6.25 전쟁과 가난 속에서도 포기하지 않고 난남이를 키우는 모습에 감동했어요. 만약 몽실언니가 동생들을 돌보지 않았다면 동생들이 잘 클 수 없었을 거예요. 몽실 언니가 가족들을 위해 희생하는 마음이 착해서 언니를 도와주는 착한 사람들도 많이 만난 것 같아요.
저는 책을 읽고 나서 작은 일에도 힘들다고 투정부리는 제가 부끄럽게 느껴졌어요. 언니처럼 불행이 닥쳐와도 누구도 원망하지 않고 스스로 살아가는 삶의 모습을 본받고 싶어요. 앞으로 저도 언니처럼 착한 마음을 가지고 최선을 다하는 사람이 되겠습니다.

안녕하세요.
저는 몽실언니가 힘들고 고통스러운 상황에서도 절망에 빠지지 않고 꿋꿋하게 살아가는 모습을 보면서 정말 대단하다고 생각했어요. 아마 저라면 슬프고 무서워서 울기만 하고 도망치고 싶었을 거예요.
하지만 몽실언니는 행복했을까요? 아주 어릴 때부터 평생 동안 동생들을 돌보면서 살아오고 먹을 것이 없어서 구걸까지 하는 언니를 보면서 답답하기도 하고 마음이 아팠어요. 제가 몽실언니였다면 가족들도 중요하지만 자기 인생을 위해서 더 생각해보고 노력했을 것 같아요. 그러면 몽실언니도 더 편하고 행복하게 살 수 있었을 것 같아요.
몽실언니를 보면서 전 지금 시대에 태어나서 정말 다행이라고 생각했어요. 앞으로는 힘들어도 열심히 공부하고 꿈을 이루기 위해서 노력해야겠다고 생각했어요. 몽실언니도 행복해졌으면 좋겠어요. 안녕히 계세요.

전쟁 때문에 겪는 슬픔에는 어떤 것들이 있을까요? 『몽실언니』를 읽고, 전쟁이
사람에게 어떤 영향을 미치는지 친구들과 이야기해 보고, 자기 생각을 글로 정리
해 봅시다.

지난 여름, 휴전 협정이라는 것이 마무리되었다. 그러나 그 지긋지긋
한 삼팔선은 없어지지 않고 다만 이름만 휴전선으로 바뀐 채 본래대로
돌아오고 말았다. 북쪽에서 피난 온 사람들과 남쪽에서 북으로 간 사람
들은 돌아가지도, 돌아오지도 못한 채 전쟁만 쉬게 된 것이다.

개암나무골 몽실이 고모부도, 그리고 그곳 마음씨 착한 아주머니의
남편도 돌아오지 못했다.

무엇 때문에 전쟁을 일으켰고, 무엇 때문에 쉬게 되었는지, 후방에
살고 있는 사람들은 바보처럼 지켜보고만 있었다. 집을 잃고, 가족을 잃
고, 병신이 되고 그리고 고향을 잃었다. 총알이 날아오는 전쟁은 그쳤지
만, 사람들은 살아가기 위해 또 다른 전쟁을 해야만 했다.

19. 모두모두 내 동생, 238쪽

참고 자료

EBS 지식채널ⓔ 637화 《아주 오래된 소원》 2010.06.14
EBS 지식채널ⓔ 639화 《고무신》 2010.06.21

 활용 TIP

보조 자료를 통해 『몽실언니』의 시대적 배경 6.25 전쟁에 대해 구체적으로 이해하고, 전쟁의 비극성에 대해 생각해 볼 수 있다. 『몽실언니』와 보조 자료에 공통적으로 나타나 있는 전쟁의 결과에 대해 자유롭게 이야기를 나누어 보고 자기 생각을 글로 정리해 볼 수 있도록 한다.

#남북분단 #전쟁 #6.25전쟁 #가족 #삶

『전쟁이 뭐예요?』
에두아르드 알라리바 지음, 서승희 옮김, 그린북

전쟁의 역사를 통해 전쟁의 개념, 전쟁이 일어난 원인, 전쟁의 유형, 전쟁의 의미 등 전쟁의 다양한 모습을 인포그래픽을 통해 전달하여 많은 내용을 쉽고 재미있게 이해할 수 있다. 전쟁이 주는 교훈과 자유와 평화의 소중함에 대해 생각해 볼 수 있다.

『봉주르, 뚜르』
한윤섭 글, 김진화 그림, 문학동네

프랑스에 사는 열두 살 소년 봉주는 새로 이사한 집 책상에서 한글로 쓴 '사랑하는 나의 조국, 사랑하는 나의 가족' 그리고 '살아야 한다'라는 글자를 찾아낸다. 낯선 이국땅에서 한글 낙서의 주인공을 찾아나서는 봉주가 토시와 만나 우정을 나누는 모습을 통해 남북의 분단 문제에 대해 생각해 볼 수 있다.

『선생님과 함께 읽는 수난이대』
하근찬, 전국국어교사모임, 민은정 그림, 휴머니스트

일제강점기 징용에 끌려가 한쪽 팔을 잃은 아버지 만도와 6.25전쟁에 참전해 한쪽 다리를 잃고 돌아온 아들 진수를 통해 수난의 역사를 겪는 두 세대의 아픔을 보여준다. 두 사람이 서로 의지하며 외나무다리를 건너는 모습은 우리 민족의 겪은 역사적 비극과 극복하려는 의지를 생각하게 한다.

같은 책을 읽었다는 것은 사람들 사이를 이어주는 끈이다.

- 에머슨

받은 편지함

남찬숙 지음 | 황보순희 그림 | 우리교육
권장 학년 · 4~5학년

■■■■■■ 줄거리

어려운 집안 사정 때문에 힘들게 지내는 순남이는 교실에서도 아무도 말을 걸어주지 않아서 외로움을 느낀다. 컴퓨터 수업 시간에 메일을 보낼 친구가 없는 순남이는 학급문고에서 빌린 동화책에 적혀 있는 동화 작가 선생님의 이메일 주소로 메일을 보내고, 기대하지 않았던 답장을 받게 되었다.

작가 선생님과 메일을 주고받게 된 순남이는 촌스러운 자기 이름 대신 공부도 잘하고 얼굴도 예쁘고, 친구들에게 인기도 많은 혜민이의 이름으로 답장을 보낸다. 순남이는 '가짜 혜민이'가 되어 메일을 보내면서 혜민이가 되고 싶다고 생각하기도 하고, 자신의 이야기를 다른 친구의 이야기처럼 쓰기도 한다. 순남이는 작가 선생님의 편지로 용기를 얻고 훌륭한 작가가 되고 싶다는 꿈을 키운다.

작가 선생님과 편지를 주고받으면서 순남이에게는 좋은 일이 많이 생긴다. 혜민이와 단짝 친구가 되고, 학교 독서왕으로 뽑혀 상도 받는다. 학교에서 아무도 말을 걸어주지 않았던 순남이에게는 별명이 생긴 것도 기쁜 일이다. 하지만 거짓말로 편지를 보내면서 자꾸만 마음이 무거워지고, 친구들에게 거짓말이 탄로 날까 봐 걱정을 한다. 순남이와 동생을 돌봐주시던 고모가 서울로 이사를 떠나고, 작가 선생님이 보내주신다고 했던 책도 도착하지 않는다.

순남이에게 메일이 오지 않고 책이 되돌아오면서 작가 선생님은 학교 홈페이지에 순남이를 찾는 글을 올린다. 가짜 혜민이가 되어 메일을 보냈다는 것이 알려질까 봐 순남이는 학교에 가지 못할 정도로 괴로워한다. 진짜 혜민이의 메일을 받고 사실을 알게 된 작가 선생님은 순남이의 메일을 다시 읽어 보면서 순남이가 가짜 혜민이가 되어 보낸 편지에 순남이 자신의 이야기를 진술하게 썼고, 사실을 밝힐 수 있는 용기가 부족했다는 것을 알게 된다. 작가 선생님은 순남이를 위로하는 메일을 보내고, 학교 도서관에 꼭 가보라는 당부를 한다.

작가 선생님의 편지를 확인한 순남이는 도서관으로 뛰어간다. 그곳에는 동화 작가 선생님이 다른 아이들이 빌려 가면 순남이가 읽지 못할까 봐 여러 권의 책에 순남이만 알아볼 수 있는 서명을 똑같이 한 책들이 순남이를 기다리고 있었다.

■■■■ 독서 퀴즈

📖 O/X 퀴즈

❶ 순남이는 작가 선생님의 동화책을 읽고 처음 메일을 보낸 어린이였다. (○)
❷ 순남이는 학원에 다니는 혜민이를 부러워했다. (×)
❸ 집에 컴퓨터가 없는 순남이는 우체국에서 동화작가 선생님에게 이메일을 보냈다. (○)
❹ 책읽기를 좋아하는 순남이의 꿈은 훌륭한 작가가 되는 것이다. (○)
❺ 혜민이가 순남이에게 빌려주고 싶어서 가져온 책은 '빨간 머리 앤'이다. (○)
❻ 순남이는 초라한 집이 부끄러워서 혜민이를 집에 초대하지 못했다. (×)
❼ 순남이는 공부를 열심히 해서 수학경시대회에서 일등을 했다. (×)

📖 책 속 보물찾기

안녕하세요? 답장을 보내 주셔서 정말 고맙습니다. 답장이 올 거라고는 생각하지 못했어요. 얼마나 기쁜지 꼭 꿈을 꾸는 것 같아요. 제가 선생님께 메일을 보낸 첫 번째 아이라니 저도 참 기뻐요. 그런데 선생님 메일을 읽으며 창피해서 혼났어요. 독자를 [   ]로 잘못 쓰다니. 그것도 모자라 제 이름까지 쓰지 않았다니 너무 창피해요.

1. 귀여운 독재자 친구에게, 14쪽

독재자

남자 아이들은 혜민이와 순남이를 쌍공주 라고 놀려대기 시작합니다. 혜민이는 팔짝팔짝 뛰었지만 순남이는 기분이 좋았습니다. 책벌레든, 책공주든, 아니면 쌍공주든, 아무튼 [   ] 이 생겼으니 말입니다.

8. 독서왕, 100쪽

별명

선생님, 저 상 받아요. 제가 우리 학교 독서왕으로 뽑혔거든요. 교장선생님께서 직접 뽑아주신 거래요. 아이들이 얼마나 부러워하는지 몰라요. 저더러 책벌레래요. 또 어떤 아이는 [   ] 라고 놀리기도 해요. 하지만 뭐라고 그래도 기분이 좋아요.

8. 독서왕, 100-101쪽

책공주

순남이가 메일을 보내면서 거짓말을 한 이유는 무엇인가요? 『받은 편지함』을 읽고 순남이의 행동에 대해 정리해 봅시다.

문제 상황	작가 선생님과 메일을 주고 받게 된 순남이는 혜민이 이름으로 답장을 보낸다.
이유	
결과	가짜 혜민이가 되어 편지를 보내면서 점점 마음이 무거워지고, 친구들에게 자신의 거짓말이 탄로날까봐 걱정을 한다.

 활용 TIP

> 순남이가 혜민이 이름으로 편지를 보낸 이유를 구체적으로 생각해보는 활동이다. 순남이의 행동에 대해 토론을 시작하기에 앞서 문제 상황을 이해하고 자신의 입장을 정하는 데 도움을 얻을 수 있다.

 자신의 이름을 숨기고 같은 반 친구인 '혜민'이 이름으로 편지를 보낸 순남이의 행동에 대해 어떻게 생각하나요? 친구들과 토론해보고 자기 생각을 글로 정리해 봅시다.

> 아무리 생각해도 참 이상한 일입니다. 선생님께 메일을 보내면서부터 순남이에게는 자꾸 좋은 일만 생깁니다. 혜민이와 단짝 친구가 됐고, 큰 상도 받고, 별명도 얻었습니다.
>
> 그런데 그렇게 좋은 일이 생길수록 순남이 마음은 자꾸만 무거워졌습니다.
>
> '이렇게 거짓말로 계속 메일을 보내는 건 옳지 않아. 그건 나쁜 일이야. 선생님을 속이는 거잖아. 혜민이도 속이는 거고.'
>
> '아냐. 누구한테 해가 되는 것이 아니잖아. 그냥 메일만 주고받는 것뿐이야.'
>
> '아무리 해가 되지 않는다고 해도 거짓말하는 건 옳지 않아. 이러다 벌을 받게 될지도 몰라. 책 속에서도 그렇잖아. 거짓말을 하면 언젠가 들통이 나게 마련이야. 그렇게 되면 지금까지 일어났던 좋은 일들이 한 번에 사라질지도 몰라.'
>
> '아냐 벌은 무슨 벌. 메일 보내면서 좋은 일만 생기잖아. 메일이 행운을 가져다주는거야. 그래. 나 혼자 비밀로 하면 돼. 아무한테도 이야기 안 하면 선생님도 혜민이도 몰라. 그래, 나만 아는 비밀로 간직하는거야.'
>
> 순남이는 애써 마음을 편히 가지려 노력했습니다.
>
> 9. 마지막 메일. 104~105쪽

| 입장 | 혜민이의 이름으로 편지를 보낸 순남이의 행동은 잘못이다. | ☐ |
| | 혜민이의 이름으로 편지를 보낸 순남이의 행동은 잘못이 아니다. | ☐ |

📖 4학년 학생들의 토온 내용

찬성	혜민이의 이름으로 편지를 보낸 순남이의 행동은 잘못이다.	☐

1. 자신의 상황 때문에 다른 사람의 이름을 허락 없이 사용하고 같은 반 친구 혜민이의 상황을 자신의 상황처럼 꾸며서 말한 것은 다른 사람을 속이는 행동이다.

2. 허락을 받지 않고 혜민이의 이름을 사용한 것을 혜민이가 알게 되면 기분이 나쁠 것이다. 만약 내가 순남이었다면 굳이 자신의 반 친구 이름을 사용하지 않고 다른 이름을 사용했을 것이다.

3. 순남이의 거짓말은 나쁜 의도로 한 것은 아니다. 하지만 다른 사람의 이름을 허락 없이 사용하고, 거짓말로 편지를 보내는 행동은 다른 사람에게 큰 피해를 주거나 나쁜 결과를 가져올 수 있었다.

4. 순남이가 가짜 편지를 계속 보내면서 죄책감을 느끼고 걱정을 하는 것은 자신의 행동이 잘못이라는 것을 알고 있었기 때문이다. 솔직하게 자신의 이름을 사용했더라면 마음이 무겁고 죄책감이 들지 않았을 것이다.

5. 순남이가 거짓말을 하는 것이 의도한 것이 아니더라도 순남이는 혜민이에게 사실을 고백하고 사과하지 않았다.

| 반대 | 혜민이의 이름으로 편지를 보낸 순남이의 행동은 잘못이 아니다. | ☐ |

1. 순남이가 다른 친구의 이름으로 편지를 보낸 것은 자신의 촌스러운 이름과 어려운 가정 환경을 밝히는 것이 부끄러웠기 때문이다. 혜민이의 이름으로 이메일을 보낼 수밖에 없었던 순남이의 행동을 이해할 수 있다.

2. 순남이는 자신감과 용기가 없었고 자신의 가정 형편을 비밀로 숨기고 싶었기 때문이다. 순남이가 혜민이에게 피해를 주거나 일부러 나쁜 의도를 가지고 거짓말을 시작한 것은 아니었다.

3. 인터넷 공간에서 닉네임을 사용하는 것처럼 자신의 이름이 아닌 다른 이름을 사용해서 자신의 이야기를 더 솔직하게 전달하고 싶었을 것이다.

　인터넷 공간에서 이름과 같은 개인 정보가 확인되어야 글을 쓸 수 있는 인터넷 실명제는 필요한가요? 친구들과 토론해보고 자기 생각을 글로 정리해 봅시다.

우리 : 인터넷을 이용하다 보면 익명성을 이용해 다른 사람에게 욕설하거
　　　나 비난하는 글을 많이 볼 수 있습니다. 인터넷 공간에서 악성 댓글
　　　로 다른 사람을 괴롭히고 사회 문제가 되기도 합니다. 인터넷 실명
　　　제를 실시하면 사이버 범죄 예방에도 도움이 됩니다.
나라 : 인터넷 실명제를 실시하면 자유롭게 자기 생각을 표현하기 힘들
　　　어질 것입니다. 개인 정보가 유출되어 피해가 생길 수 있습니다.

입장	인터넷 실명제는 필요하다. 인터넷 실명제는 필요하지 않다.	☐ ☐
이유 1		
이유 2		
결론		

찬성	인터넷 실명제는 필요하다.	☐

1. 인터넷 실명제가 실시되면 다른 사람을 비난하거나 사실이 아닌 이야기를 퍼뜨려 다른 사람에게 피해를 주는 일이 줄어들 것이다.

2. 사이버 범죄자를 빨리 추적하고 검거할 수 있고, 사이버 범죄를 예방하는 데 도움이 된다.

3. 인터넷을 이용하는 사람들이 책임감을 느끼고 글을 쓰는 문화를 만들기 위해 인터넷 실명제와 같은 적절한 규제가 필요하다.

반대	인터넷 실명제는 필요하지 않다.	☐

1. 우리나라는 헌법에 따라 표현의 자유를 보장하고 있지만 인터넷 실명제가 도입되면 자유롭게 자신의 생각을 밝히는 것이 어려워지고 글쓰기를 피하는 사람들이 많아질 것이다.

2. 생년월일, 이메일, 전화번호와 같은 개인정보가 유출되면 또 다른 범죄의 피해자가 생길 수 있어서 위험하다.

3. 인터넷 실명제를 실시한다고 해도 악성댓글은 사라지지 않을 것이고, 실제 효과가 거의 없을 것이다.

4. 개인의 자유를 제한한 것보다 인터넷상에서 책임감을 가지고 글쓰기를 할 수 있도록 교육하고 개인이 노력해야 한다.

내가 이메일을 보내고 싶은 사람은 누구인가요? 『받은편지함』에서 혜민이처럼 내가 좋아하는 사람에게 내 꿈을 소개하는 편지를 써 봅시다.

보내기	임시저장	미리보기	

받는사람

참조 +

제목

첨부 −   파일 첨부하기

글꼴 ∨ | 10pt ∨ | 가 가 가 가 가 가 | ≣ ≣ ≣ ≣ | URL ▨ ▦ ☺ 삽입 ∨

안녕하세요?
요즘 날씨가 너무 더워져서 가만히 있어도 땀이 나는데 코로나 바이러스 때문에 방호복을 입고 하루 종일 얼마나 힘드실까요?
이번 코로나 19로 인해 우리나라 의료진이 얼마나 훌륭한지 알게 되었어요. 뉴스를 볼 때마다 슈퍼맨처럼 정말 멋지다고 생각했어요.
저는 아픈 사람들을 치료해주는 멋진 의사가 되고 싶은데요, 저도 많은 사람들에게 희망을 주는 의사가 되기 위해 열심히 공부할게요.

「받은 편지함」과 함께 읽으면 좋은 책

#성장 #학교생활 #우정 #상처치유 #편지 #거짓말 #비밀

『너도 하늘말나리야』
이금이 글, 송진헌 그림, 푸른책들

부모님의 이혼으로 달밭마을로 이사 온 미르는 소희와 바우를 만난다. 사춘기에 접어든 세 친구는 서로의 사정과 아픔에 대해 알게 되고 가슴 속에 담아둔 상처를 우정과 사랑으로 치유하면서 아픔을 극복하고 성장하게 된다.

『초등학생을 위한
나의 라임 오렌지나무』
J.M. 바스콘셀로스 글, 최수연 그림, 박동원 옮김, 동녘

다섯 살 제제는 실직한 아빠, 공장 다니는 엄마, 세 누나와 형, 그리고 동생과 함께 가난하게 살아간다. 사랑을 받고 자랄 나이에 냉대를 받고 선물 하나 받지 못하지만 라임오렌지나무 밍기뉴와 이야기를 나누며 슬픔을 위로 받고 절망하지 않는다. 따뜻함과 사랑을 가르쳐 준 포르투카 아저씨와의 가슴 아픈 작별을 통해 제제는 철이 들고 성장한다.

『헨쇼 선생님께』
비벌리클리어리 글, 이승민 그림, 보림

동화 작가 헨쇼 선생님을 좋아하는 리 보츠는 선생님에게 편지를 쓰면서 부모님의 이혼과 전학 간 낯선 학교에서 겪는 외로움과 어려움을 이겨나가는 용기를 얻고, 상처 받은 마음을 치유하면서 성장한다.

책과 노니는 집

이영서 지음 | 김동성 그림 | 문학동네

권장 학년 · 5~6학년

—— 줄거리

　필사쟁이 일을 하는 장이의 아버지는 천주학 책을 필사했다는 이유로 관아에 끌려가 매를 심하게 맞고 돌아온다. 장독이 오를 만큼 매를 맞고 나와 아버지가 오래 누워 있는데도 마을 사람들은 천주학쟁이로 몰려 문초를 당할까 염려하여 누구 하나 아는 척하지 않는다.

　3년 뒤 아버지를 잃은 장이는 책방 주인 최서쾌 집에서 지내면서 책방 심부름꾼 생활을 시작한다. 장이는 책을 배달하면서 지체 높은 관리부터 도리원의 기생들까지 책 읽는 다양한 사람들을 만난다.

　청나라 사신 행차에서 역관들이 돌아온 후 장이는 홍 교리 집에 심부름을 가다가 허궁제비에게 상아찌를 빼앗긴다. 허궁제비는 돈을 마련해서 상아찌를 찾으러 오라고 하고, 책방에서 쫓겨날 것을 걱정한 장이는 상아찌를 돌려받기 위해 지물포에서 곤죽 만드는 일을 하고 도리원에서 심부름 값을 받으며 푼돈을 모은다. 상아찌를 돌려받은 장이는 홍교리의 집 서유당에 갔다가 자신이 며칠 전 전해 준『동국통감』이『천주실의』라는 것을 알게 된다.

남은 돈을 주기 위해 장이는 허궁제비를 찾으러 갔다가 밤늦게 돌아오니 책방 안마당에 많은 사람이 모여 있고 허궁제비가 잡혀와 있었다. 책방에 모인 어른들은 허궁제비를 혼내주고, 최서쾌는 장이에게 앞으로 감당할 수 없는 일은 도움을 청하라고 말한다. 홍 교리집에『동국세시기』를 전하러 갔다가 장이는 필사를 부탁받고 필사쟁이 일을 시작하게 된다.

어느 날 장이는 서책 무역상 일을 하는 손 직장 집에『동국이상국집』을 전하러 가는 길에 관원들이 들이닥치고 아낙들과 서양 남자가 도망가는 모습을 보게 된다. 최서쾌는 장이에게 급히 몸을 피하라고 하지만 장이는 아버지를 생각하며 홍 교리 집 대문을 두드린다. 담장을 넘어 서고에 들어간 장이는 동녘 동東자가 들어간 책들을 모두 찾아 불태우게 한다.

도리원 청지기의 도움으로 무사히 한양을 빠져나온 장이는 최서쾌를 다시 만난다. 그리고 낙심이를 데리고 찾아온 홍교리는 감인소에서 필사쟁이를 구한다고 알려주고, 장이에게 고맙다며 '책과 노니는 집' 현판을 선물로 준다.

🗐 O/X 퀴즈

❶ 홍 교리 집 사랑채 문 위 현판에 쓰여 있는 '서유당'은 '책과 노니는 집'이라는 뜻이다. (○)

❷ 낙심이가 어린 나이에 도리원에 팔려온 이유는 딸로 태어났기 때문이다. (○)

❸ 허궁제비에게 상아찌를 빼앗긴 장이는 돈을 벌기 위해 감인소에서 일을 했다. (×)

❹ 장이가 홍 교리에게 건네 준 「동국통감」은 「명심보감」이었다. (×)

❺ 돌아가신 장이 아버지의 꿈은 조선에서 가장 유명한 필사쟁이가 되는 것이었다. (×)

❻ 관원들이 들이닥친 것을 보고 장이가 홍 교리 집 서고에 들어가서 '서녘 서(西)'자가 새겨진 책을 뒤졌다. (○)

🗐 책 속 보물찾기

"네가 상대하는 손님들은 행세하는 집안에 글깨나 읽는 양반 선비들이다. 손님을 찾아갈 때, 매무새도 단정히 하고 함부로 입을 놀려 귀찮게 하지 말거라. 넌 주막거리에서 술심부름 하는 아이가 아니다. 네가 하는 일은 ⬚⬚⬚⬚ 을 배달하는 일이야. 값진 일이다. 명심해야 한다."
최서쾌의 잔소리가 장이의 머릿속을 휘젓고 갔다. 장이는 숨을 고른 뒤 매무새를 살피고 책보를 갖추어 들었다.

2. 복숭아꽃 오야꽃 핀 동산, 23쪽

지식

장이가 알고 있는 '깊고 담백한 맛'이란 최서쾌가 단골손님을 데리고 가
끔 가는 견평방의 ☐☐☐☐☐☐ 집 맛이었다. 장이가 「명심보감」을 다 읽었
을 때, 최서쾌는 책거리 삼아 장이를 데리고 그곳에 갔었다. 뽀얀 김이 올
라오는 ☐☐☐☐☐ 을 떠올리자 장이의 입에 침이 고였다.

4. 서유당, 53쪽

닭곰탕

☐☐☐☐☐ 가 이야기를 멈추었다. 구경꾼들이 침을 꼴깍 삼켰다. 모인
사람들은 커다란 박에서 무엇이 나올지 궁금해 ☐☐☐☐☐ 입만 바라보
았다. ☐☐☐☐☐ 는 '흠흠' 헛기침을 하더니, 후원 여기저기를 두리번거
리며 콧구멍만 후벼 팔 뿐 한 동안 입을 열지 않았다.

12. 봄밤의 이야기 연회, 147쪽

전기수

『책과 노니는 집』을 읽고 알 수 있는 조선 시대 사회 모습을 찾아 정리해 봅시다.

> "양반이건 상놈이건 세상 모든 사람들이 천히 여기는 백정, 망나니건 모든 사람은 다 똑같이 귀하고 평등하다는구나."
> 아버지는 천주학 얘기를 들려주었다. 천주학을 믿는 것이 죄가 아니라고 했다.
> "천주학 책을 옮겨 적으며 아비는 손이 떨리고 마음에 비바람이 일었다. 우리 같은 것들은 날 때부터 천한 줄 알았는데 그렇지 않다고 하더구나. 조선에서는 천지개벽할 소리지만 서양에서는 모두 그렇게 믿는다더라. 천주님 앞에서는 모든 사람이 평등하다고."
> 장이는 광통교 밑의 땅꾼들, 상여꾼들, 망나니들이 자신과 똑같이 귀하고 평등하다는 말을 믿을 수 없었다. 그들은 장이보다 더 천한 사람이었다. 장이처럼 글을 아는 자도 없었고, 집도 없고 더럽고 가난했다.
>
> 7. 믿은 죄. 90쪽

1. 장이의 아버지가 관아에 끌려가 매를 심하게 맞고 목숨을 잃게 된 이유는 무엇인가요?

_____

_____

_____

2. 상아찌를 전해주러 홍 교리 집에 간 장이가 책상 위에 놓인 『동국통감』을 보고 깜짝 놀란 이유는 무엇인가요?

_____

_____

3. 관원들이 들이닥치는 모습을 보고 홍 교리 집에 달려간 장이가 서고에서 찾은 책은 무엇인가요?

_____

_____

_____

 참고 자료

EBS 역사채널ⓔ 《책의 신선, 책쾌》 2013. 09. 06
EBS 역사채널ⓔ 《조선의 도서대여점, 세책점》 2016. 07.14
EBS 역사채널ⓔ 《낭독의 달인, 전기수》 2013.09.27

활용 TIP

보조 자료를 통해 『책과 노니는 집』에 등장하는 책쾌, 세책점, 전기수에 대해 알아보고, 조선시대 사회·문화적 배경에 대해 이해할 수 있도록 한다.

최서쾌의 심부름을 가던 중 허궁제비에게 상아찌를 빼앗긴 장이가 문제 상황에
대응하는 방식에 대해 생각해 봅시다.

"돌려주세요. 제 물건이 아니란 말이에요. 제발……."
장이는 자리에 주저앉아 울먹이기만 할 뿐 달려가 매달리지 않았다. 조
금 전 자신을 쏘아보던 허궁제비의 섬뜩한 눈빛이 떠올랐기 때문이다.
눈빛만으로도 다리가 후들거리고 몸이 굳었다.
저만치 가던 허궁제비가 돌아서며 소리쳤다.
"돈을 마련해서 사흘 안에 광통교 밑으로 와. 잘 모시고 있을테니. 아님
이 길로 책방주인에게 달려가 일러바치든가. 죽는 게 소원이라면."
장이는 속마음을 들킨 듯 허궁제비의 눈길을 피했다. 허궁제비는 가던
방향으로 몸을 돌렸다. 장이는 멀어져 가는 허궁제비를 넋 놓고 바라보
았다. 볼을 타고 눈물이 저고리 속으로 파고 들어가 가슴팍을 적셨다. 허
궁제비의 눈빛이 떠올랐다. 장이는 고개를 세차게 흔들며 두려운 마음
을 떨쳐냈다. 조심하라고 거듭 당부를 하던 최서쾌의 얼굴이 스쳐갔다.
눈물이 나오고 한숨이 나오고 온몸이 꽁꽁 묶인 듯 가슴이 죄어 왔다. 책
방으로 돌아가야 할지, 홍교리 집으로 가야할지 알 수가 없었다. 최 서쾌
에겐 뭐라 말하고, 홍교리에겐 뭐라 둘러대야 할지 생각할수록 머릿속이
하얘지면서 막막하고 답답했다.
장이는 주먹을 쥐고 제 가슴을 탕탕쳤다. 하필 그때 나타난 허궁제비가
원망스러웠다. 아니, 찬찬치 못하게 귀한 물건을 길거리에서 펼쳐 본 자
신이 원망스러웠다.

3. 회화나무 위의 그림자. 40~41쪽

문제 상황	장이는 최서쾌의 책방 심부름으로 홍 교리 집에 가던 중 허궁제비에게 상 아찌를 빼앗겼다.
대응 방식	
이유	. 아버지 역할을 해 주는 최서쾌는 장이를 엄하게 대했고 회초리를 드는 　일도 있었다. . 아버지가 돌아가신 뒤 누군가에게 도움을 청하는 일이 어려웠다. . 부모님을 잃은 처지에 책방에서 쫓겨나면 장이는 갈 곳이 없다.
결과	. 낙심이가 미적 아씨에게 사실을 말하고, 허궁제비는 도리원 청지기에 　게 잡혀왔다. . 최서쾌와 지물포 오씨 아저씨가 책방 안마당에 모여 허궁제비를 혼내 　주었다. . 최서쾌는 장이에게 감당할 수 없는 일은 도움을 청하라고 말했다.

 활용 TIP

장이가 허궁제비에게 상아찌를 빼앗긴 후 문제를 해결하는 방식을 정리해 보
는 활동이다. 장이의 문제 해결방식에 대해 토론을 시작하기에 앞서 장이의
행동을 구체적으로 이해하고 자신의 입장을 정하는 데 도움을 얻을 수 있다.

최서쾌의 심부름을 가던 중 허궁제비에게 상아찌를 빼앗긴 장이가 스스로 문제를 해결하려 한 행동은 옳은가요? 친구들과 토론해보고 자기 생각을 글로 정리해 봅시다.

장이가 스스로 문제를 해결하려 한 행동은 옳다.	☐
장이가 스스로 문제를 해결하려 한 행동은 옳지 않다.	☐

📖 5학년 학생들의 실제 토론 내용

찬성	장이가 스스로 문제를 해결하려 한 행동은 옳다.	☐

1. 심부름을 가던 장이가 상아찌를 꺼내어 본 것은 잘못이다. 자신의 잘못을 인정하고 스스로 해결하기 위해 노력하는 것은 책임감 있는 모습이다.

2. 부모님을 잃고 의지할 곳 없는 장이 입장에서는 최서쾌에게 혼나고 책방에서 쫓겨날 일이 가장 큰 걱정이었을 것이다. 그래서 잘못을 솔직하게 말하고 어른들에게 도움을 요청하기가 쉽지 않았을 것이다.

3. 장이는 스스로 돈을 마련하기 위해 지물포와 도리원에서 심부름을 하며 자신이 처한 상황에서 최선의 노력을 하였다.

4. 장이가 문제를 스스로 해결하려고 노력했기 때문에 최서쾌와 다른 어른들이 장이를 더 잘 보살펴주게 되었을 것이고, 장이가 최서쾌에게 아버지의 사랑을 느낄 수 있었다.

반대	장이가 스스로 문제를 해결하려 한 행동은 옳지 않다.	☐

1. 장이는 스스로 문제를 해결하려다가 홍교리 집에 가서 상아찌를 도리원에 놓고 왔다고 거짓말을 하고, 최서쾌에게도 거짓말을 하게 되었다. 문제가 해결되지 않았다면 계속 거짓말을 하게 됐을 것이다.

2. 나이가 어린 장이는 허궁제비가 요구하는 돈을 구할 방법이 없었고 지물포에서 힘들게 일해도 적은 돈 밖에 벌 수밖에 없었다.

3. 낙심이가 미적 아씨에게 사실을 말하지 않았다면 문제가 쉽게 해결되지 않았을 것이고 허궁제비가 장이에게 계속 다른 요구를 하면서 괴롭혔을 것이다.

4. 처음부터 솔직하게 말했다면 문제를 더 쉽게 해결할 수 있었을 것이다. 자신의 잘못을 말하고 혼날 것을 걱정해서 어른들께 말하지 않은 행동은 오히려 자신의 잘못을 회피하는 것이고 문제를 더 크게 만들 수도 있었다.

5. 장이는 아직 어리기 때문에 스스로 해결하기 힘든 일은 어른들에게 솔직하게 말씀드리고 도움을 요청하는 태도가 필요하다.

한양으로 돌아가 어른이 된 장이는 어떤 삶을 살고 있을까요? 뒷이야기를 자유롭게 상상해보고, 『책과 노니는 집』의 주인공 장이에게 보내는 편지를 써 봅시다.

책과 노니는 집. 언문으로 쓰인 현판이었다.
"광릉 봉선사에 가니 언문 현판이 보이더구나. 신기하기도 하고 보기 좋아 나도 한번 따라 해 보았다. 글씨체는 장이 네 솜씨가 더 나을 터인데."
몇 달 전보다 더 야위어 보이는 홍 교리가 말했다. 장이는 현판에 새겨진 글씨를 한 자 한 자 쓰다듬었다. 장이와 세 사람이 동화사 경내를 빠져나왔다.
"배오개 집 알지? 네 아버지가 죽기 전 그 집 얘기를 하더구나. 장이 너와 그 집에 책방을 내고 싶었다고. 그러면서 나한테 스무 냥이 좀 못 되는 돈을 전해주었지."
최서쾌가 중얼거리듯 말했다.

15. 책과 노니는 집. 186쪽

_____

_____

_____

_____

장이에게

장이야, 한양으로 무사히 돌아갔니?

아버지가 돌아가셔서 너무 슬프고 무서웠지? 허궁제비에게 상아찌를 빼앗겨서 고생을 했잖아. 그래도 너의 용기 있는 행동으로 홍교리 집에서 천주학 책을 빨리 찾아서 많은 사람들이 목숨을 건질 수 있었어. 정말 다행이야. 네가 훌륭한 필사쟁이가 되어서 많은 사람들이 책을 더 많이 읽을 수 있을거야. 지금 내가 살고 있는 시대에는 조선시대와 다르게 읽고 싶은 책을 마음껏 읽을 수 있어. 그리고 나도 너처럼 책 읽는 것을 좋아해. 너도 책방에서 좋아하는 책을 읽으면서 행복하게 지냈으면 좋겠어.

장이야~ 안녕. 너는 조선에서 가장 훌륭한 필사쟁이가 되었겠지. 그리고 책방에 많은 사람들이 찾아가서 유명해졌을거야. 너는 아버지가 돌아가시고 힘든 일을 많이 겪었는데 절망하지 않고 이겨내는 모습이 대단하다고 생각했어. 너는 나이도 어리고 가족도 없어서 무서웠을텐데 좋은 사람들의 너를 도와주어서 정말 다행이야. 그리고 '동녘 동'자가 써 있는 책이 서학 책이라는 걸 알았다면 무서웠을 것 같은데 너의 용기를 배워야겠다고 생각했어. 앞으로 나도 다른 사람을 도와주도록 노력할거야.

#역사동화 #성장 #치유 #소년 #희망

『서찰을 전하는 아이』
한윤섭 글, 백대승 그림, 푸른숲주니어

1894년 보부상인 아버지를 따라 비밀스러운 서찰을 전하기 위해 길을 떠난 열세 살 아이의 시선을 통해 동학농민운동이라는 역사적 사건과 부당한 현실에 맞서 싸우며 희망을 찾고자 했던 수많은 사람들의 마음을 이해할 수 있다.

『헤이그로 간 비밀 편지』
윤자명 글, 정가애 그림, 스푼북

1907년 주인공 소만은 중요한 문서를 전달하는 심부름을 하게 되면서 대한제국을 지키기 위해 떠난 헤이그 특사의 여정에 함께 하게 된다. 대한제국 시기의 역사적 사실들과 위험을 무릅쓰고 나라를 위해 혼신을 다 하는 사람들의 삶을 이해할 수 있는 역사 동화이다.

『자전거 도둑』
박완서 글, 한병호 그림, 다림

1970년대 청계천 세운상가를 배경으로 시골에서 서울로 상경한 소년 수남이를 통해 부도덕하고 이기적인 현대인들의 모습을 비판하고 있다. 수남이가 겪는 마음 속 갈등을 어떻게 해결하고 성장하는지 생각하면서 읽을 수 있다.

초정리 편지

배유안 장편동화 | 홍선주 그림 | 창비
권장 학년 · 4~5학년

줄거리

　열두 살 장운이는 초정리 산골에서 나무를 해다 팔아 아버지, 누이와 함께 살아간다. 어느 날 토끼를 쫓던 중 토끼눈 할아버지를 만나고, 새로운 글자를 배우게 된다. 새로운 글자를 외워오면 쌀을 주겠다는 제안에 장운이는 토끼눈 할아버지와 흙바닥 편지를 주고받으며 글자를 익히고, 누이에게도 글자를 가르쳐 준다.

　어느 날 누이 덕이가 빚 때문에 남의 집 종살이를 떠나면서 장운이는 큰 슬픔에 빠지고, 정자에서 만나 매일 글자를 가르쳐주던 토끼눈 할아버지도 떠나면서 쓸쓸하게 지낸다. 장운이는 석수장이 아버지에게 돌 깎는 법을 배우고, 누이와 새로 배운 글자로 편지를 주고받으며 서로의 안부를 확인한다. 장운이는 난이와 오복이에게도 글자를 가르쳐 준다.

장운이는 돌을 깎아 돌 거북이와 복 두꺼비를 만들어 윤초시 댁에 선물하고, 석수장이 점발이 아저씨 눈에 들어 석수장이 일터에 들어간다. 장운이는 점발이 아저씨에게 돌 깎는 법을 배우며 훌륭한 석수 되겠다는 꿈을 키우고, 돈을 벌어 누나를 데려올 수 있다는 생각에 열심히 일한다.

한양에서 벌어진 절 공사에 가서 돌을 깎게 된 장운이는 석수들에게 글자를 가르쳐 주며 흙바닥 훈장이라고 불린다. 정성 들여 돌을 깎으며 배운 기술로 큰 돌에 연꽃을 새기게 되었지만 연꽃잎 하나가 깨져 속상해한다. 그러나 종살이를 하던 누나도 다시 집으로 곁으로 돌아온다는 편지를 받고, 석수장이 일터에서부터 장운이를 시샘했던 상수를 치료해주면서 갈등을 해소한다.

연꽃 확을 다듬던 장운이는 절 공사를 둘러보러 온 임금님의 행차에서 토끼눈 할아버지를 다시 만나 임금님이라는 것을 알게 된다. 임금님의 제안으로 깨진 부분에 물이 흐르는 길을 만들고 연꽃 확을 완성한다.

📖 O/X 퀴즈

❶ 장운이가 토끼눈 할아버지를 처음 만났을 때 나이는 열두 살이었다. (O)
❷ 토끼눈 할아버지는 글자를 가르쳐주고 장운이가 글자를 외워오면 돈을 주었다. (×)
❸ 장운이의 아버지와 어머니가 논밭을 빼앗긴 것은 약값 때문에 빚을 졌기 때문이다. (×)
❹ 장운이의 누이 덕이는 빚을 갚기 위해 남의 집 종살이를 가게 되었다. (O)
❺ 장운이는 석수장이였던 아버지에게 돌 깨는 법을 처음 배웠다. (O)
❻ 장운이는 윤초시 댁에 돌 거북을 선물하고 돈을 받았다. (×)
❼ 장운이는 토끼눈 할아버지의 도움을 받아 연꽃 확을 완성했다. (O)

📖 책 속 보물찾기

"그러냐? 누이도 쉽게 익히더냐?
"예. 저하고 마당에서 글자 놀이도 합니다. 그런데 누이는 할아버지가 부자이고 양반인데도 [   ]이 있는 게 이상하다고 했습니다."
"허허. 너와 네 누이가 내 [   ]을 많이 덜어주었느니라."

2. 글자 놀이, 35쪽

근심

쉬는 시간에 장운은 전에처럼 갑출과 글자 놀이를 했다. 장운이 땅바닥
에 막대기로 쓰면 갑출이 읽었다.

갑출에 이어 석수들이 하나 둘씩 글자 놀이에 끼어 들었다.

"어이 [   ], 이거 맞아?"

12. 흙바닥 훈장, 165쪽

흙바닥 훈장

"자식새끼 얼굴 다루는 살살 어루만져야지."

아버지는 힘없는 손으로 조금씩 새끼를 꼬며 돌 이야기를 했다.

"작은 돌 하나에도 다 제 [   ]이 있다. 돌을 깨려고만 하지 말고
[   ]을 불러내는 것처럼 두드려야 한다. 그래야 돌이 문을 열어
준다."

장운은 그렇게 말하는 아버지를 바라보았다. 아직 몸이 불편하긴 해도
예전의 아버지로 돌아온 것 같아 가슴이 뭉클했다.

5. 돌 깎는 아이, 71쪽

기운

오늘 아침에 있었던 일을 한글을 사용하지 않고 기록해 본 뒤 한글을 사용하여 정확하게 설명해보고 어떤 차이가 있는지 친구들과 이야기해 봅시다.

한글 X	
한글 O	

 활용 TIP

서너 개의 문장을 그림이나 기호, 다른 나라의 언어로 표현해 보도록 한 뒤 친구들과 그 의미를 해석해 보는 활동을 통해 만약 한글이 없다면 우리 생활이 어떻게 달라졌을지 생각해 볼 수 있다.
한글 창제 이전 우리말을 표기하기 위해 중국의 글자를 빌려 썼지만 정확한 의사소통이 쉽지 않았고 한자를 익히는 데 어려움이 많았다는 점을 이해하고 한글의 소중함과 가치에 대해 자유롭게 이야기해 볼 수 있다.

글자를 모르던 백성들이 글을 알게 되면 어떤 점이 좋을까요? 토끼눈 할아버지에게 글자를 배운 뒤 장운이의 생활은 어떻게 달라졌는지 적어봅시다.

활용 TIP

단순히 알고 있는 내용을 이야기하는 것이 아니라 책의 내용을 탐색하면서 한글을 사용하게 된 후 장운이와 주변 등장인물 삶에 어떤 변화가 생겼는지 찾아보고, 구체적인 근거를 제시하여 이야기해 볼 수 있도록 한다.

실제 수업에서는 장운이가 누이와 편지를 주고받는 장면, 돌 깎는 기술을 배우는 장이와 약재공부를 하는 난이가 공부한 것을 종이에 적어두는 장면 등 질문과 관련된 책의 일부분을 읽기 자료로 제시하여 생각해 볼 수 있도록 했다.

아래 글을 읽고 세종대왕이 훈민정음을 만든 이유가 무엇인지 생각해 봅시다.

우리말이 중국과 달라 문자끼리 서로 통하지 않으니 이런 까닭으로 어린(어리석은) 백성이 이르고자 할 바 있어도 마침내 제 뜻을 실히 펴지 못할 놈이 하니라(많으니라). 내 이를 위하여 어엿비 여겨 새로 스물여덟 자를 만드노니 모든 사람으로 하여금 쉬이 익혀 날로 씀에 편안케 하고자 할 따름이니라.

훈민정음 언해

"제 아비는 값을 다 쳐주고 논을 샀는데도 글을 몰라 다음 해에 도로 빼앗긴 적이 있습니다. 논문서에 빌려 쓰는 걸로 씌어있었다 합니다."
"그래, 글을 모르면 억울한 일도 당하게 되고 불편할 때가 많지. 암 그렇고말고."

2. 글자놀이, 32쪽

_____

_____

_____

_____

——— 활동 4

세종대왕이 한글을 반포했을 때 양반과 백성들의 입장은 서로 달랐습니다. 아래의 글을 읽고 새 글자에 대한 양반과 백성들의 생각이 어떻게 달랐는지 각각 정리해 봅시다.

"우리 같은 무지렁이가 글을 쓸 수 있으니 이 글자가 참말로 좋네요." 한양 석수 하나가 제가 써 놓은 글자를 보면서 말했다.
"이렇게 편리한 글자를 양반들은 왜 반대했다는감?"
"뭐 진서가 있는데 새 글자를 만들어 쓰는 건 오랑캐라나?" 곰보 아저씨가 좀 흥분하며 말했다.
"하이고 진서야 일 안해도 되는 양반이나 배우지, 종일 일해야 겨우 입에 풀칠하는 우리가 언제 그걸 배운다고."
다들 고개를 끄덕이며 "그럼, 그럼."했다.
"이제 이 글자로 씌어진 책이 나오면 우리도 글공부를 할 수 있겠네."
"그럼요, 논문서 집문서도 읽고 쓰고 할 수 있고요." 장운이 거들었다.

12. 흙바닥 훈장, 167~168쪽

양반들은

백성들은

일상생활에 나타나는 한글 사용의 문제점에는 어떤 것들이 있나요? 한글을 바르게 사용하기 위해 필요한 태도에 대해 친구들과 이야기해 보고, 자기 생각을 정리해 봅시다.

구체적인 예	
나의 생각	

💡 참고 자료

외국어 간판 일색…한글 사용 늘려야 2019.10.09. KBS
간식·짬뽕도 일본어...잔재 여전한 한글날 2019.10.09. YTN
"한글은 촌스러워"…만화에 뜻 모를 영어 남발 2013-10-20 SBS
한글 쓰면 '싼 티' 난다고? 2013.05.10. 어린이동아
'메탈피스' '툴킷 작동'… 무슨 뜻이야? 2013.10.09. 어린이동아

4학년 학생들의 토의 내용

문제점	1. 인터넷, SNS를 이용하면서 비속어 및 줄임말을 쓰는 경우가 많다.
	2. 거리에 간판이 대부분 외국어로 되어 있어서 외국어를 모르는 사람은 무슨 가게인지 알 수 없는 경우가 있다.
	3. 마트에서 판매하는 물건들의 상품명이 대부분이 외국어로 되어 있다.
	4. 어린이들이 많이 보는 TV 프로그램에서도 외국어 표현을 지나치게 많이 사용한다.
	5. '셰프, 헤어디자이너'처럼 우리말로 표현할 수 있는 직업 이름도 외국어로 표현하는 경우가 많다.
필요한 태도	1. 비속어나 줄임말을 많이 쓰는 것은 세계가 인정한 위대한 문화유산인 한글을 우리가 스스로 훼손하는 것이다. 아름다운 우리말을 잘 사용하려는 노력이 필요하다.
	2. 지나친 줄임말 사용은 그 말의 뜻을 모르는 사람들과 의사소통을 제대로 하기 어렵기 때문에 우리 말을 정확하게 쓰려고 노력해야 한다.
	3. 외국어를 사용하는 것이 더 고급스럽거나 비싸게 느껴진다는 생각을 버리고 순수한 우리말을 사용하려고 노력해야 한다.
	4. 어렵고 힘들더라도 맞춤법이나 띄어쓰기를 잘 지켜서 한글을 정확하게 사용했으면 좋겠다.

『초정리 편지』를 읽고 우리나라 글자 한글의 우수성과 소중함에 대해 생각해보고, 자기 생각과 느낌을 다른 친구들과 공유해 봅시다.

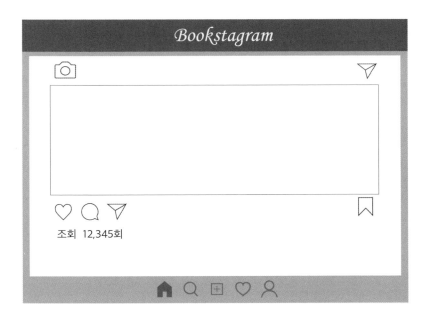

 참고 자료

과학적인 한글...IT시대에도 두각 2015.10.08 YTN
한글의 새 발견...디자인과 디지털 2017. 10.08 YTN
'한글옷' 차려입은 우리 노랫말 외국서도 "얼쑤" 2018.10.09. 동아일보

#세종대왕 #한글 #역사동화 #성장 #조선시대

『세종, 한글로 세상을 바꾸다』
김슬옹 지음, 창비

　훈민정음 창제 당시의 정치적·사회적 배경, 훈민정음의 제자 원리, 한글의 우수성 등 한글과 관련된 다양한 사실을 자세하게 알 수 있다. 훈민정음 창제의 의의와 한글의 가치에 대해 생각해 볼 수 있다.

『다 알지만 잘 모르는
11가지 한글 이야기』
배유안 글, 정우열 그림, 책과함께어린이

　훈민정음 창제 당시의 역사와 한글에 대한 다양한 지식을 재미있는 이야기와 그림을 통해 쉽고 재미있게 이해할 수 있다.

『성을 쌓는 아이』
안선모 글, 최정인 그림, 청어람주니어

　성곽을 쌓기 위해 불려온 수많은 백성들에게 어떤 사연이 있었을까? 성을 쌓기 위해 한양으로 떠난 아버지를 찾기 위해 떠난 물미의 이야기와 성돌에 새겨진 이름, 조선왕조실록 사료를 통해 한양 도성의 역사를 이해할 수 있는 역사 동화이다.

쉽게 읽는 백범일지

김구 지음 | 도진순 엮어 옮김 | 돌베개

권장 학년 · 6학년

━━━━ 활동 1

『쉽게 읽는 백범일지』를 읽고 알 수 있는 사실을 바탕으로 빈칸에 알맞은 말을 넣어 다음 연대표의 내용을 완성해 봅시다.

1876년	김구, 출생
1896년	김구, 치하포에서 명성황후를 시해한 일본인 쓰치다를 죽임
1905년	11월 17일〔 ㉠ 〕체결. 외교권 박탈
1907년	대한제국 군대 해산, 고종 퇴위. 순종 즉위
1909년	〔 ㉡ 〕의사, 이토 히로부미 저격 사살
1910년	8월 29일〔 ㉢ 〕체결. 일제가 대한제국의 국권을 강탈함

1919년	김구, 상해 망명. 〔 ㉣ 〕 수립
1931년	김구, 일본 요인 암살을 목적으로 〔 ㉤ 〕 창단
1932년	〔 ㉥ 〕 의거, 일왕 히로히토에게 수류탄 투척
	〔 ㉦ 〕 의거 , 홍커우 공원 상하이 점령 축하 기념식장에 폭탄 투척
	임시정부, 상해에서 항주로 옮김
1940년	임시정부 충칭으로 옮김. 김구 주석으로 선출.〔 ㉧ 〕 조직
1941년	임시정부 대일 선전포고. 국내 진공작전 계획 수립 및 특수 훈련 수행
1945년	〔 ㉨ 〕, 일본 항복
1948년	남북협상. 5월 10일 총선거 대한민국 정부 수립
1949년	김구, 안두희의 총에 맞아 경교장에서 운명

 활용 TIP

책을 읽으면서 확인할 수 있는 내용을 정리하며, 백범 김구의 생애와 시대적 배경을 이해할 수 있다. 실제 수업에서는 정답을 맞히는 데 중점을 두는 것보다 짝이나 모둠별로 협의하여 빈칸의 내용을 완성하면서 성취감을 느끼도록 했다.

국가를 위해 개인의 행복을 희생하는 것은 옳은가요? 『백범일지』에 나타나 있는 독립 운동가들의 활동 모습에 대해 친구들과 토론해보고, 자기 생각을 글로 정리해 봅시다.

㉮ 상해에서 우리는 극도로 어렵게 살았다. 그 때 독립운동을 한 동지들은 수십 명에 불과하였다. 어머님께서는 청년들과 노인들이 굶주리는 것을 애석히 여기셨지만 구제할 방법이 없었다. 어머님께서 우리 집 뒤쪽 쓰레기통에 채소상이 버린 배추 껍데기가 많은 것을 보시고는 매일 밤 먹을 만한 것을 골라 소금물에 담가 두었다가 찬거리로 만들어 놓으셨다.

내 육십 평생을 돌이켜 보면 상식에 벗어나는 일이 한두 가지가 아니다. 대개 사람이 귀하면 궁함이 없고 궁하면 귀함이 없는 법이다. 그러나 나는 직위가 올라가 귀해져도 궁하고, 궁해도 궁한 일생을 지냈다. 나라가 독립하면 삼천리강산이 다 내 것이 될지 모르겠으나, 하늘 아래 넓고 큰 지구에 한 치의 땅도, 반 칸의 집고 내 소유가 없다.

백범일지 216~217쪽

㉯ "제 나이가 31세입니다. 앞으로 31년을 더 산다 해도 늙은 생활에 무슨 재미가 있겠습니까? 인생의 목적이 쾌락이라면 31년 동안 대강 맛보았습니다. 그러니 이제는 영원한 즐거움을 얻기 위해 독립 운동에 몸을 던지고자 상해에 왔습니다."

그의 인생관을 들으니 감동으론 눈물이 벅차올랐다. 이봉창은 나라를 위해 몸을 던질 수 있게 지도해 달라고 간곡하게 요청했고, 나는 쾌히 승낙하였다.

백범일지 228쪽

국가를 위해 개인의 행복을 희생할 수 있다.	☐
국가를 위해 개인의 행복을 희생하는 것은 옳지 않다.	☐

입장	
이유1	
이유2	
반대 의견 반박	
정리	

 참고 자료

EBS 지식채널ⓔ 《조력자들》 2014. 06.25
EBS 지식채널ⓔ 《길 위의 정부》 2012. 04. 09
EBS 지식채널ⓔ 《독립공신:6형제 이야기》 2019. 03. 12

찬성	국가를 위해 개인의 행복을 희생할 수 있다.	☐

1. 국가는 개인의 삶에 큰 영향을 미친다. 나라가 튼튼하고 잘 살아야 국민들이 안심하고 행복을 추구할 수 있다. 국가가 안전하지 않다면 개인의 자유나 행복을 누리기 어렵다.

2. 많은 독립 운동가들이 나라를 위해 자신을 희생한 것은 국가나 다른 사람들의 강요나 억압 때문이 아니라 스스로 선택한 것이다.

3. 국가를 위해 희생하는 사람들이 있었기 때문에 우리나라의 독립이 이루어진 것이고 많은 사람이 행복하게 살아갈 수 있게 되었다. 많은 사람이 더 좋은 삶을 살기 위해 국가의 이익을 위한 희생이 필요하다.

4. 국가유공자 제도처럼 국가를 위해 희생한 분들에 대한 보상과 예우를 하고, 많은 국민들이 감사하는 마음을 가져야 한다.

5. 전쟁, 일제강점기, IMF 경제 위기 등 나라를 구하기 위해 희생하는 사람들이 있었기 때문에 많은 위기를 극복하고 지금의 대한민국을 만들 수 있었다.

반대	국가를 위해 개인의 행복을 희생하는 것은 옳지 않다.	☐

1. 국가를 위해 개인의 행복을 희생하는 것은 훌륭한 일이지만 자기 자신과 가족들에게는 매우 힘들고 불행한 일이다. 실제로 일제강점기에 독립운동가의 가족들이라는 이유로 고통받는 사람들이 많았다.

2. 모든 사람에게 한 번만 주어지는 인생에서 자신의 자유와 행복을 지키는 것도 중요하다. 국가의 이익이 개인의 자유와 행복보다 중요하다고 볼 수 없다.

3. 자신의 목숨을 희생하면서 조국의 독립을 위해 애썼지만 제대로 된 보상을 받지 못하는 국가유공자 가족들이 많고, 후손들이 독립운동가의 이름조차 기억하지 못하는 경우가 많다.

4. 일제강점기에 일제에 맞서서 독립운동을 하는 것은 현실적으로 봤을 때는 무모하고 위험한 일이었다. 중간에 실패하거나 목적을 이루지 못하는 경우가 많았다.

입장	국가를 위해 개인의 행복을 희생하는 것은 옳다.
이유	국가를 위해 개인이 노력하고 희생하면 국가의 이익이 자신에게 되돌아가기 때문에 개인의 삶에 영향을 미친다. 자신이 독립운동을 해서 나라가 독립한다면 그것도 독립운동가들의 행복일 것이다.
	국가를 위해 개인의 행복을 희생하는 것은 개인의 선택이다. 실제로 독립운동가 이봉창은 나라를 위해 몸을 던진다는 것이 영원한 즐거움이라고 말하기도 했다.
반대 의견 반박	독립운동가의 가족들은 삶이 궁핍하고 가난하다는 의견이 많은데 모든 독립운동가의 가족이 궁핍하게 사는 것이 아니다. 많은 국민들에게 독립운동가의 가족, 후손들이 존경을 받으며 살아가기도 하고 국가가 지원하는 혜택을 받을 수도 있다.
정리	많은 독립운동가가 개인의 행복을 희생하면서 독립운동을 했기 때문에 우리나라가 독립하고 지금의 대한민국을 만들어 갈 수 있었다. 앞으로 우리가 나라를 더욱 사랑하고 우리나라의 국민들이 독립운동가들에게 감사하는 마음을 가져야 한다.

입장	국가를 위해 개인의 행복을 희생하는 것은 옳지 않다.
이유	독립운동은 위험하고 실패하는 경우가 더 많았다. 많은 독립운동가들은 성공하지 못하고 이름조차 남기지 못하고 목숨을 잃었다. 나라를 지키는 일이지만 자기 자신의 삶은 불행해질 수 있다.
	한 번뿐인 인생에서 자신의 생명과 행복을 지키는 것도 중요하다. 나라를 지키고 국가의 이익을 위하는 일이 개인의 생명이나 행복보다 중요한 것은 아니다.

반대 의견 반박	많은 독립운동가의 희생으로 나라를 지킬 수 있었지만 일제강점기에 독립운동가의 가족들이라는 이유로 고통을 겪었고 그 후손들이 가난하고 힘든 생활을 하는 경우가 많다, 많은 사람이 독립운동가의 이름조차 모르는 경우가 많다.
정리	나라를 되찾기 위한 희생과 노력은 본받아야 하지만 평범한 사람들이 개인의 삶을 무조건 희생하는 것은 옳지 않다. 국가가 국민들이 편안하게 살아갈 수 있게 보호해주고 행복하게 해 주는 것이 더 중요하다.

'내가 원하는 우리나라'의 모습은 무엇인가요? 오늘날 우리나라의 모습에 대해 친구들과 이야기해 보고, '나의 소원'의 내용이나 형식을 모방하여 글을 써 봅시다.

㉮ 민족 국가

네 소원이 무엇이냐 하고 하나님이 물으시면 나는 서슴지 않고, "내 소원은 대한 독립이요." 하고 대답할 것이다. 그 다음 소원은 무엇이냐고 하면 나는 또, "우리나라의 독립이요." 할 것이요, 또 그 다음 소원이 무엇이냐 하는 셋째 번 물음에도 나는 더욱 소리 높여서, "나의 소원은 우리나라 대한의 완전한 자주 독립이요." 하고 대답할 것이다.

동포여러분! 나 김구의 소원은 이것 하나밖에 없다. 내 칠십 평생 이 소원을 위해 살아왔고, 현재에도 이 소원 때문에 살고 있으며, 미래에도 이 소원을 달성하려고 살 것이다. 칠십 평생 독립이 없는 백성으로 설움과 부끄러움과 애탐을 겪은 나에게, 세상에 가장 좋은 것이 완전하게 자주 독립한 나라의 백성으로 살아보다 죽는 일이다. 나는 일찍이 우리 독립 정부의 문지기가 되기를 원했거니와, 그것은 우리나라가 독립국만 되면 나는 그 나라에 가장 미천한 자가 되어도 좋다는 뜻이다. 왜냐하면 독립한 제 나라의 빈천이 남의 밑에 사는 부귀보다 기쁘고 영광스럽고, 희망이 많기 때문이다.

쉽게 읽는 백범일지 305쪽

㉯ 내가 원하는 우리나라

나는 우리나라가 세계에서 가장 아름다운 나라가 되기를 원한다. 가장 부강한 나라가 되기를 원하는 것은 아니다. 내가 남의 침략에 가슴이 아팠으니, 내 나라가 남을 침략하는 것을 원치 아니한다. 우리의 부는 우리 생활을 풍족히 할 만하고, 우리의 힘은 남의 침략을 막을 만하면 족하다. 오직 한없이 가지고 싶은 것은 높은 문화의 힘이다. 문화의 힘은 우리 자신을 행복하게 하고, 나아가서 남에게도 행복을 주기 때문이다. 지금 인류에게 부족한 것은 무력도 아니오, 경제력도 아니다. 자연과학의 힘은 아무리 많아도 좋으나, 인류 전체로 보면 현재의 자연과학만 가지고도 편안히 살아가기에 넉넉하다.

쉽게 읽는 백범일지 315쪽

참고 자료

세계 흘린 방탄소년단, 2년 연속 '빌보드상'… 한국가수 최초 2018.05.21, JTBC
영화《기생충》아카데미 감독상·작품상까지 4개 부문 석권 2020.02.11, KBS
K방역, 석학들의 평가는? 한국인에게는 재난 극복하는 특별한 DNA가 있다.
2020.05.20. KBS
전세계가 집콕하니 '한국 라면' 날개 달았다. 2020.09.04 MBC

 활용 TIP

잘 알려진 글의 일부분의 내용이나 형식을 모방하는 글쓰기를 통해 내용을 더
잘 이해하고, 글쓰기의 재미와 성취감을 느낄 수 있다. '내가 원하는 우리나라'
의 모습에 대해 친구들과 자유롭게 의견을 나누면서 아이디어를 생성하고 쓰
기 활동이 이루어지도록 한다. 쓰기 수행을 어려워하는 학생들에게 글에서 반
복되는 기본적인 문장 형식을 제공하여 시범을 보이고, 빈칸의 내용을 완성하
는 형태의 과제를 제시한 뒤 스스로 완성할 수 있도록 했다.

나는 우리나라가 세계에서 가장 깨끗한 나라가 되기를 원한다. 가장 부자인 나라가 되는 것을 원하는 게 아니다. 우리의 자연이 오염되는 것이 가슴 아팠으니 우리가 아름다운 지구를 오염시키는 것을 원치 아니한다. 우리의 과학기술은 우리 생활을 편리하게 할 만하고, 우리의 경제는 우리의 생활을 편안하게 할 만하면 족하다. 오직 한없이 가지고 싶은 것은 깨끗한 자연이다. 깨끗한 자연은 우리 자신을 행복하게 하고 우리 후손들에게까지 행복을 주기 때문이다.

『쉽게 읽는 백범일지』와 함께 읽으면 좋은 책

#백범김구 #임시정부 #독립운동 #역사 #일제강점기

『대한민국의 시작은 임시정부입니다』
박도 글, 김소희 그림, 장세윤 감수. 사계절

　임시정부의 수립과 체제, 독립운동의 과정까지 시기별, 활동별로 체계적으로 정리하여 임시정부와 관련한 역사적 사실들을 사진과 그림을 통해 쉽게 이해할 수 있다.

『간디, 폭력을 감싼 안은 비폭력』
카트린 하네만 글, 우베마이어 그림, 한겨레아이들

　영국의 지배 아래 고통 받는 인도인들의 삶을 지켜보면서 현실에 눈을 뜨고 인간에 대한 애정을 실천하면서 '비폭력 저항'이라는 새로운 운동을 실천한 간디의 삶을 이해할 수 있다. 김구와 간디의 독립 운동 방식을 비교하면서 읽을 수 있다.

『마사코의 질문』
손연자 글, 김재홍 그림, 푸른책들

　생체실험, 관동대지진, 일본군 위안부 문제 등 일제강점기에 억압받던 우리 민족이 겪었던 비극과 수난의 역사를 그려낸 9편의 동화가 실려 있다. 일본의 역사 왜곡 문제에 대해 생각해 볼 수 있다.

도서출판 이비컴의 실용서 브랜드 **이비락**樂은 더불어 사는 삶에 긍정의 변화를
줄 유익한 책을 만들기 위해 노력합니다.
원고 및 기획안 문의 : bookbee@naver.com